KB138033

토지
투자의 정석

토지
투자의 정석

초판 1쇄 인쇄 2022년 4월 20일
초판 1쇄 발행 2022년 4월 27일

지은이 김용남

발행인 장상진
발행처 (주)경향비피
등록번호 제2012-000228호
등록일자 2012년 7월 2일

주소 서울시 영등포구 양평동 2가 37-1번지 동아프라임밸리 507-508호
전화 1644-5613 | **팩스** 02) 304-5613

ⓒ김용남

ISBN 978-89-6952-504-8 03320

· 값은 표지에 있습니다.
· 파본은 구입하신 서점에서 바꿔드립니다.

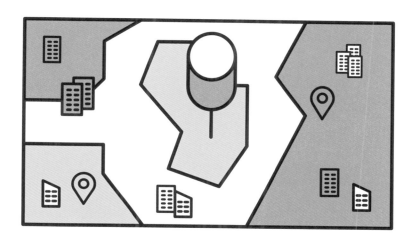

소액으로 단기에 큰 수익 만드는

토지
투자의 정석

잘 사고 잘 파는 토지 투자, 지금 시작하세요!

김용남 지음

경향BP

토지 투자로 경제적 자유를 이루다

2022년 내 나이 45살이다. 25살에 부동산 중 토지 업무를 하기 시작하여 어느덧 20년이 흘렀다. 부동산을 시작할 때만 해도 젊은 20대의 청년이었는데 이제는 결혼 18년차가 되고 두 아들의 아빠가 되었다.

지금 나는 직장에 다니지 않는다. 오로지 토지 투자만 하고 있다. 주말마다 가족끼리 외식을 하고, 아이들이 다니고 싶어 하는 학원에 모두 보낼 수 있고, 가족들이 갖고 싶어 하는 것이 있으면 금액에 구애받지 않고 현금으로 살 수 있다.

자랑하려고 이 말을 하는 것이 아니다. 여러분과 똑같이 돈을 벌고 싶었던, 가진 것 없었던 젊은 청년이 토지 투자로 인해서 이렇게 되었다는 것을 알려 주고 싶은 것이다.

많은 사람이 가족의 행복을 위해 돈 걱정 하지 않고 살길 바란다. 하지만 그 방법을 직접적으로 알기란 정말 쉽지 않다.

현재 대한민국에서 살고 있는 사람이라면 부동산 투자를 해야 부를 이룰 수 있을 것 같다는 생각을 한 번씩은 해 봤을 것이다. 그래서 부동산에 대해 공부하는 사람이 많을 것이다. 그런데 아무리 부동산 투자를 해도 원하는 삶은 쉽게 이루어지지 않는다. 그 이유는 이론만 공부할 뿐 실전 경험이 없기 때문이다. 아무리 공부해도 실전을 자주 겪지 못하다 보니 투자가 이루어지더라도 어떤 것이 잘못되었고 어떤 것이 잘 되었는지를 알아채기 어렵기 때문이다.

20년간 부동산 투자, 그중에서도 토지 투자를 하고 있는 내가 여러분을 성공의 길로 안내하려고 한다. 내가 이 책을 쓰는 이유는 사람들에게 희망을 나누어 주어야겠다고 생각했기 때문이다. 나는 이 책을 읽는 여러분이 경제적 자유를 얻어 행복한 생활을 해 나가길 기대한다.

이 책에서는 토지 시장이 왜 성공할 수밖에 없는 곳인지를 알려 주고, 많고 많은 토지 투자 방법 중에서 내가 해 온 토지 투자 성공 시스템을 설명하려고 한다. 여러분은 이제 성공으로 가는 기차에 발을 올렸다. 이제부터 그 누구도 알려 주지 않은, 성공으로 가는 토지 투자 시스템을 배워 보자. 이 책을 다 읽고 나면 당신은 부자로 가는 길에 서 있게 될 것이다.

김용남

차례

1장

돈을 버는
토지 투자 시스템

토지 시장은
블루 오션 시장이다

    돈을 벌고 싶다면 돈이 굴러 가는 시장에 있어야 한다는 말을 자주 한다. 그럼 과연 돈이 굴러 가는 시장이란 어떤 것일까?

    우리나라는 무한 경쟁의 시장이다. 특정 직업을 떠올려 보면 그 직업을 가지고 있는 사람이 너무 많다. 그 직업으로 성공을 이루고 돈을 벌려면 엄청난 노력이 필요하고, 쉽게 되지도 않는다. 그런데 그걸 뻔히 알면서도 그 일을 계속한다. 사실 그만 두기도 쉽지 않다.

    인정하고 싶지 않지만 우리는 돈을 벌 수 없는 시장, 즉 레드 오션 시장에 있다. 레드 오션 시장에서는 부를 이룰 수 있을지언정 그 확률은 매우 낮다. 그래서 늘 새로운 무언가를 찾게 된다.

    그런데 정말 신기한 시장이 있다. 갑자기 만들어진 것은 아니고 오랫동안 존재해 온 시장이다. 그 분야의 전문가는 많지 않고 시간이

가면 갈수록 더욱 찾기 힘들다. 정말 가치가 있는 시장인데도 불구하고 그 분야의 전문가가 많지 않은 곳, 이런 시장을 블루 오션 시장이라고 할 수 있다.

나는 토지 투자 시장에 오랫동안 몸담아 왔다. 다행히 경쟁이 그리 심하지 않았고 그동안 해 왔던 모든 투자 경험이 자산이 되어 이제는 남들보다 조금 잘하는 것뿐인데도 많은 사람이 부러워한다.

여러분에게 자신 있게 말하지만 정말로 돈을 벌고자 한다면 많은 사람이 가지 않는 곳, 즉 블루 오션 시장에서 일을 해야 한다. 토지 시장은 블루 오션 시장이다. 여러분이 진정 부동산 투자를 통하여 돈을 벌고 싶다면 토지 시장을 알아야 한다.

이 책에서 어떤 토지가 돈을 벌 수 있는 토지인지를 알아보는 방법을 비롯하여 실제로 많은 매매를 통해 터득한 토지 개발법과 매도법을 아주 솔직하게 알려 주려고 한다. 지금부터 어떤 토지가 빨리 팔 수 있는 땅인지, 어떻게 해야 좋은 값에 매도할 수 있는지를 이야기하겠다. 이제 여러분 인생에 기회가 찾아왔다. 여러분의 성공을 응원한다.

원형지를 매입하여 부지로 만들어 판다

　토지 투자로 돈을 벌기 위해서는 원형지를 매입해서 부지로 만들어 팔아야 한다. 토지 투자를 하는 대부분의 사람이 전, 답, 임야 등을 매입한 뒤 원형지 그대로 비싼 값에 팔려고 한다. 그렇게 하려면 비싸게 팔 수 있을지언정 꽤 오랜 시간이 걸린다.

　나는 어린 나이에 부동산 투자를 시작했기 때문에 토지를 매입하여 오랜 기간 보유할 수 있는 여유가 없었다. 매입한 토지를 빨리 팔아야만 하다 보니 '어떻게 하면 빨리 팔 수 있을까? 어떻게 하면 비싸게 팔 수 있을까?'에 대한 고민을 많이 했다.

　그러던 어느 날 같은 사무실에서 일하는 선배의 투자 패턴을 보게 되었다. 그는 도로변 토지 500평을 평당 40만 원에 매입했다. 토지를 매입하자마자 개발행위허가를 신청했다. 개발행위허가를 받아야 토목 공사를 할 수 있으며, 공사가 끝나면 바로 매도할 거라고 했다. 한 달 정도 지나 허가가 나왔고 바로 토목 공사를 진행했다. 토목 공사라고 해 봤자 거창한 것은 아니었고 그저 나무를 베는 벌목 작업과 흙을 절토하여 도로와 평탄하게 만드는 것이었다.

그런데 이게 웬일인가? 허가를 받고 공사를 마치기까지 매입부터 따지면 두 달 정도밖에 안 되었는데 바로 매매가 되었다. 그것도 평당 65만 원에 말이다. 토목 공사 비용 등을 제외하고 약 1억 원 정도가 남았다. 두 달 만에 1억 원을 번 것이다.

선배는 또 다른 도로변 토지를 매입하였다. 이번에도 규모가 작은 300평 정도의 땅이었다. 그 땅도 마찬가지로 개발행위허가를 받고 토목 공사를 진행한 뒤 매도하였다 그 매도를 통해 얻은 수익은 5,000만 원 정도였다. 그 기간도 두 달 정도 걸렸다.

나는 속으로 생각했다. '어라. 이거 돈 벌기 무척 쉽네.' 그때부터 나도 토지 투자를 해서 돈을 벌어야겠다고 생각했다. 그러나 당시에는 가진 돈이 없었기 때문에 동업자로 돈이 많은 사람을 찾기 시작했다. 나는 돈을 벌 수 있다는 자신감으로 똘똘 뭉쳐 있었다.

이후 돈이 많은 사람과 동업을 하며 수많은 토지를 매입해서 토목 공사 후 매도하는 방식으로 투자를 하면서 토지 개발이 무엇인지를 제대로 알게 되었다. 어떤 토지를 매입해야 돈을 빠르게 벌 수 있는지, 어떻게 해야 매입한 토지를 빨리 팔 수 있는지를 알게 된 것이다. 물론 그렇게 되기까지 20년이란 세월이 걸렸다.

비싼 땅을 더 비싸게 판다

토지에 투자하는 사람들의 투자 패턴은 장기 투자 방식이다. 즉 개발이 될 만한 지역이나 토지를 선택하여 오랜 시간을 보유하면서 그 지역이 개발될 때 지가 차익을 보는 것이다. 그 투자 패턴이 잘못된 것은 아니다. 그런데 그런 투자 패턴은 자금력이 두둑한 사람들의 투자 방식이다. 상대적으로 돈이 많지 않은 사람은 그 패턴으로 투자하면 기다릴 수 있는 여유가 없을뿐더러 토지 투자가 너무 어렵게만 느껴져서 쉽게 도전하지 못한다.

이 책에서 내가 이야기하는 토지 투자 패턴은 적은 돈으로 투자해서 빠른 기간 안에 수익을 얻을 수 있는 것이다. 토지 단기 투자 패턴이라고 할 수 있다. 먼저 이 단기 투자를 이해하기 위해서는 다음 문장을 이해하여야 한다. '비싼 땅을 더 비싸게 판다.' 이 하나의 문장이 단기 토지 투자의 핵심 내용이다.

성공적인 토지 투자를 하려면 싼 땅을 찾는 것이 아니라 비싼 땅을 찾아야 한다. 이 개념은 부동산 투자를 하는 많은 사람이 의아해할 수 있는 부분이다. 지금까지 항상 싸고 저렴한 물건을 사서 비싸게 팔아야 한다고 생각했을 것이기 때문이다. 다시 말하지만 그러한 투자 패턴은 자산이 많은 사람들이 하는 장기 투자 패턴이다.

예를 들어 압구정동 토지 100평이 매물로 나왔다고 가정하자. 금액은 평당 1억 원이 넘어간다. 입지는 유동인구가 굉장히 많은 압구정 대로변 사거리 코너이다. 그렇다면 여러분에게 질문하겠다. "매가가 100억 원이 넘는 이 토지는 매도될 수 있을까?" 대한민국에서 압구정의 위상을 아는 사람이라면 이렇게 대답할 것이다. "당연히 매도될 것이다." 바로 그것이다. 아무리 비싸도 입지가 정말 좋기 때문에 무조건 매도된다는 것이다.

이 공식을 우리가 투자하는 토지 물건에 적용하는 것이다. 누가 봐도 좋은 땅을 매입한다면 매입할 때도 좋은 조건의 대출을 받아 현금 비용을 줄일 수 있고, 토목 공사를 통해 그 땅을 빛나는 보석으로 만들어 놓으면 쉽게 매도될 수밖에 없다.

나는 토지 투자를 할 때 항상 이 공식을 적용하여 누가 봐도 기가 막힌 땅을 고르고 부지 조성을 한다. 신기하게도 나의 이론은 정확히 맞아 떨어졌다. 나는 토지 투자를 하면서 '세상에서 가장 쉬운 일이 있다면 토지를 골라 매도하면서 돈을 버는 것이다.'는 생각을 한다. 이 방법은 나만 할 수 있는 것이 아니다. 여러분도 충분히 할 수 있다.

내가 사고 싶은 땅은 남도 사고 싶다

　토지 투자를 절대 어려워할 필요가 없다. 여러분은 토지 석·박사가 되는 것이 아니고 단지 토지라는 상품을 잘 사고 잘 팔면서 돈을 벌면 그만이다. 그 점에서 이 블루 오션 시장에서 돈을 벌기란 상대적으로 너무 쉬운 일이라는 것을 명심해야 한다. 이제부터 말하고자 하는 것은 '어떤 땅이 잘 팔릴까?'이다. 상식적으로 생각하면 된다. 어떤 토지를 보았을 때 사람들이 보는 눈은 거의 비슷하기 때문이다. 내가 사고 싶은 토지는 남도 사고 싶다는 것이다.

　아주 단적으로 비교를 하겠다. 명동 시내에 매매가 10억 원인 땅이 있고, 시골 깡촌 지역에 1억 원짜리 땅이 있다고 가정하자. 여러분이라면 과연 어떤 땅을 사겠는가? 매매가가 비싸더라도 명동에 있는 땅을 사고 싶을 것이다.

이처럼 토지 투자를 통해 돈을 벌기 위해서는 명동에 있는 토지 같은, 사람들이 탐내는 토지를 사야 한다. 정말 사고 싶은 마음이 생기는 토지를 매입하게 된다면 걱정할 일이 없다. 그 토지는 시간이 지나면 지날수록 높은 값을 형성할 것이고 금액이 비싸진다고 해도 누가 봐도 좋은 땅이기에 무조건 매도될 것이기 때문이다.

이렇게 이야기하면 많은 사람이 다음과 같은 질문을 할 것이다. "그걸 누가 모르나요? 그런데 너무 비싸고, 그렇게 많은 자금이 없어서 못하는 것인데요." 여기서 사람들이 간과하는 것이 있다. 바로 대출이다. 우리는 투자를 진행할 때 레버리지 효과를 기대한다. 그 점에서 생각해 보면 정말 놀라운 사실을 알 수 있다. 누가 봐도 좋은 토지이기 때문에 은행이 볼 때도 정말 좋은 토지라는 것이다.

10억 원짜리 명동 땅은 매우 가치가 있어 실제 매매가의 80% 정도인 8억 원을 대출받을 수 있고, 시골 깡촌 지역의 1억 원짜리 땅은 은행에서 볼 때 가치가 없어서 대출이 아예 불가능해 1억 원이 모두 현금으로 필요한 상황이라면 어떻게 할 것인가? 결론을 말하자면, 싼 값에 매입하여 비싸지기를 기다리는 투자는 현대 사회를 살아가는 우리들에게는 전혀 맞지 않는 투자 패턴이다.

그런데도 왜 오직 토지 투자는 그냥 사 두었다가 시간이 오래 지나 값이 오르면 수익을 예상할 수 있다고 생각한다는 말인가? 토지 투자를 오랫동안 해 왔고 비교적 짧은 기간 안에 수익을 내 온 나로서는 이러한 이야기를 현실에서 자주 듣게 되는데 그때마다 정말 답답하다는 생각을 하게 된다.

분명히 알아야 한다. 우리는 토지를 매입하여 빠른 기간 안에 매도할 수 있다. 그 핵심은 이것이다. '내가 사고 싶은 땅은 남도 사고 싶다.' 토지 투자는 절대 지식이 있는 사람들의 전유물이 아니며 그냥 거래에서 기본적인 상식만 이해할 수 있다면 누구나 할 수 있는 투자라는 것을 명심해야 한다.

어려운 공법 같은 것도 모두 알 필요 없다. 우리 주변에는 전문가가 많기 때문이다. 전문가의 도움을 얻어 토지를 매입하고, 전문가의 도움을 얻어 개발하고 매도한다면 절대 어려운 투자가 아니고 누구나 할 수 있는 투자이다.

싼 물건을 찾아 비싼 가격에 판매하는 장기 투자 패턴은 어려운 일들을 모두 소화할 수 있는 전문가들이어야 하지만 우리가 하려는 투자 패턴이 아니다. 우리가 찾는 물건은 상대적으로 어려움이 전혀 없는 아주 쉬운 물건이다. 다만, 비싸다는 게 부담인데 그것도 대출을 활용한다면 그리 어렵지 않다. 이것이 단기 투자 패턴이다.

원석을 찾아 보석으로 만든 뒤 매도한다

사람들이 오해하는 것이 있다. 그것은 토지 투자로 돈을 벌기 위해서는 어떤 토지든 매입해서 잘 가공하면 높은 값을 받아 매도할 수 있다고 생각한다는 것이다. 정답부터 얘기한다면 그 생각은 아예 처음부터 잘못됐다. 물론 그 말처럼 이루어지는 것들도 있겠지만 확률적으로 볼 때 굉장히 어려운 일이다. 그런데 이 개념 때문에 많은 사람이 토지 투자를 포기한다.

나는 20년을 토지 하나만 보고 살아왔으며 오로지 토지 투자만 진행해 왔다. 그러면서 느낀 것은 토지는 내가 가치를 부여해 높은 값으로 만드는 것이 아니라 다이아몬드의 원석처럼 처음부터 가치를 가지고 태어난다는 것이다. 우리는 그것을 발견할 수 있는 눈만 있으면 되고, 그 가치를 일반인들이 알아볼 수 있게 토목 공사를 거쳐 반

짝반짝 빛나게 만들면 된다는 것이다. 즉 돈을 벌 수 있는 토지는 처음부터 정해져 있다는 것이다.

우리는 그런 토지를 알아보는 안목을 기르기 위해 토지 이론을 공부하는 것이다. 다행히 그것은 그리 어렵지 않다. 마음만 먹는다면 좋은 토지를 알아볼 수 있는 이론은 한 달도 걸리지 않아 마스터할 수 있다. 이 책에서는 어떤 토지가 다이아몬드의 원석이라고 판단되는 토지인지를 알려 줄 것이다.

여러분이 이 책을 여러 번 읽어서 꼭 자신의 지식으로 만들어 가길 진심으로 바란다. 이 책을 다 이해하고 나면 토지 투자가 만만해질 것이다. 토지를 볼 때 어떤 것을 중점적으로 보아야 할지, 어떻게 계약하며, 어떻게 개발하고, 어떻게 매도하는지에 대하여 솔직하게 알려 주겠다.

토지를 매입할 때 매도할 때를 생각한다

　토지를 매입하는 사람들을 보면 안타까울 때가 자주 있다. 많은 돈을 지불하면서도 매입하는 토지에 대한 확신 없이 그냥 언젠가는 팔리겠지라고 생각하는 걸 보면 너무나 답답하다. 분명히 말하지만 그런 생각으로 토지를 매입해서는 절대로 빠른 시간 안에 높은 값에 매도할 수 없다.

　토지를 매입하기 위해 토지를 바라볼 때는 이미 그 토지는 내 땅이라고 생각하고 그 땅이 비싸게 팔릴 수 있을지를 생각해야 한다. 그렇게 생각하는 것은 너무나 쉬운 일이다. 내가 그 땅을 살려는 매수자, 즉 미래의 매수자가 되어 바라보는 것이다. 내가 그 토지를 매입하여 개발행위허가를 받는다면, 토목 공사를 한다면, 지금은 큰 평수이지만 적은 평수의 토지로 만들 수 있다면 등 내가 만들어 갈 토지의 모습을 상상해 본다.

　만약 내가 그 땅을 그렇게 만든다면 팔릴까를 생각하고, 더 나아가 대출 조건도 상상해 본다. 나는 그 토지를 어떻게 만들어서 얼마에 매도할 건데 그 당시 매수자의 대출 금액을 예상해 보거나 매수자의 현금 비용을 생각해 보는 것은 그 토지를 살 것인가 말 것인가를 결정하는 데 아주 중요한 요소가 된다. 이렇게 토지를 매수자 입장에서 바라보는 것은 그 토지가 원석인지 아닌지를 구분할 수 있는 핵심 포인트가 된다.

세금에 대한
전략을 세운다

　많은 투자자가 간과하는 것이 있다. 그것이 바로 세금에 대한 전략이 없다는 것이다. 실전 투자에서 수익을 올리기 위해서는 내가 투자하는 분야의 세금을 정확히 알아 두어야 한다. 이는 투자자에게 아주 기본적인 사항으로 토지를 투자할 때는 세금 전략을 철저하게 짜야 한다.

　예를 들어 투자 기간을 짧게 보는 토지라면 매입하는 입장에서는 세금이 비교적 저렴한 법인을 이용하는 것이 좋다. 거기에 한 가지 더 생각해야 하는 것은 비사업용 토지에 대한 중과세이다. 토지에는 비사업용 토지에 대한 양도세 중과라는 것이 있기 때문에 비사업용 토지가 무엇인지, 그에 대한 중과세는 어떻게 이루어지는지를 알아야 한다.

단기 차익을 기대하기에는 법인으로 매입하는 것이 좋은데, 레버리지는 어떻게 일으켜야 하는지, 일찍 매도하게 된다면 내야 하는 법인세나 비사업용 토지에 대한 법인세 중과가 어떻게 이루어지는지에 대해서 정확히 알아야 한다. 나중에 세금 구조에 대해 자세하게 설명할 것이니 여기서는 내가 투자하려는 물건의 세금이 어떻게 될 것인가를 개략적으로 알고 있어야 한다는 것만 알아 두자.

토지를 2년 이상 보유할 계획이라면 장·특·공을 적용받을 수 있는 개인으로 매입하는 것이 유리하다. 토지를 매도하게 된다면 비사업용 토지에 대한 양도세 중과 규정을 정확히 알고 그에 대비해야 한다. 지목에 따른 사업용 토지로의 전략이라든지, 비사업용 토지를 어떻게 해야 사업용 토지로 바꿀 수 있는지를 고민해야 하고, 그게 아니라면 내가 중과세를 받아 어느 정도의 세금을 내야 하는지, 세금을 내고 나서 얼마의 수익이 발생하는지를 계산해야 한다.

세금에 대한 전략을 세우지 않는다면 많은 차익이 났더라도 순수익은 거의 없을 수도 있다는 것을 명심해야 한다. 토지 투자에서는 내가 투자하는 기간을 가늠하여 내야 할 세금을 예상하는 것이 아주 중요하다.

2차선 도로변 토목 공사 완료된 200평의 부지로 승부한다

'2차선 도로변 토목 공사 완료된 200평의 부지로 승부한다.' 이 투자법은 20년 실전 고수인 내가 투자하는 패턴으로 여러분에게 적극 추천한다. 오랜 시간에 걸쳐 이 토지 투자 시스템을 만들었고 수많은 경험으로 충분한 검증을 마쳤기에 토지 투자를 갈망하는 많은 사람에게 적극 추천하는 것이다. 이 시스템으로 토지 투자를 해 나간다면 여러분은 분명 토지 투자를 통해 비교적 빠른 기간 안에 돈을 벌 수 있을 것이다.

구체적인 투자 시스템을 간략하게 말하자면, 먼저 내가 매입하려는 땅은 2차선 도로변이어야 한다. 2차선 도로변 물건이기에 상대적으로 값이 높다. 하지만 이는 높은 레버리지를 활용하여 이겨 낼 수 있다. 얼마나 많은 대출을 활용할 수 있는지가 토지 투자자의 능력이 될 것이다.

토지를 매입했다면 분할의 기술을 이용하여 200평 내외의 네모반듯한 모습으로 만들어야 한다. 이 과정에서 알아야 하는 이론이 있다. 바로 개발행위허가에 의한 토지 분할이다. 이 방법은 굉장히 실무적인 부분이기에 검색이나 책을 통해서 정보를 얻기는 쉽지 않다. 하지만 여러분이 토지 투자를 하려는 뜻이 있다면 그 방법은 그리 먼 곳에 있지는 않을 것이다.

분할의 기술을 통해 200평 내외의 토지를 만들었다면 이제 그 토지를 보석으로 만들어야 한다. 즉 토목 공사를 해야 한다. 하지만 미리 부담을 느낄 필요는 없다. 토목 공사는 절대 복잡하지 않으며 특별한 지식이 없어도 할 수 있다. 게임하는 법을 몰랐을 때는 되게 어렵게 느껴지지만 그 게임을 잘하는 사람이 단 1시간만 알려 준다면 그 게임이 너무나도 쉽게 느껴지는 것과 마찬가지이다.

토목 공사는 한 번도 해 본 적이 없었기 때문에 어려운 것으로 보일 뿐이다. 먼저 시행해 본 사람이 친절하게 알려 준다면 별것 아닌 기술이다. 이 책에서 토목 공사하는 법에 대해서도 설명할 것이다.

2장

토지 투자를 위해
꼭 알아야 하는 것들

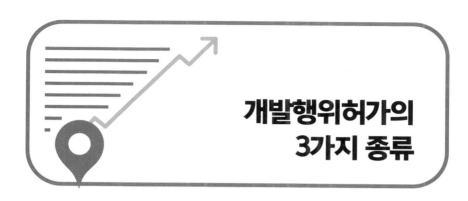

개발행위허가의 3가지 종류

토지에 관해 알아야 할 지식이 많지만 토지 투자로 돈을 벌기 위해서는 개발행위허가만 완벽히 알고 있어도 될 정도이다. 토지를 매입하여 토목 공사를 하려면 꼭 개발행위허가를 받아야 한다. 아무리 내 땅이라고 해도 그 땅에 건물을 짓고 싶다면 시장, 군수, 구청장의 허락을 받아야 하는데 이 허락을 받는 행위를 가리켜 개발행위허가라고 한다.

내 땅에 건물을 짓겠다는 허락을 받는 것인데도 재산을 증식시키는 활동이라 여겨 세금을 매긴다. 그 세금을 국고세금이라고 하는데 28개의 지목 중 농지, 임야, 초지에 따라 세금 액수가 다르다. 농지로 분류되는 3개 지목(전, 답, 과수원), 임야, 초지를 합한 5개의 지목을 원형지라 부른다. 28개의 지목 중 이 5개는 개발행위허가의 대상이다.

농지, 임야, 초지에 따라 각각 납부하는 세금의 정도가 다른데 농지〉임야〉초지 순으로 세금이 높다. 그러므로 토지를 매입할 때는 세금까지 고려해서 가치를 판단해야 한다. 농지라 불리는 전·답·과수원에 대한 국고세금은 농지보전분담금, 임야에 대한 세금은 대체산림자원조성비, 초지에 대한 세금은 대체초지조성비라고 부른다.

먼저 농지에 대한 국고세금인 농지보전분담금을 알아보자. 개발행위허가를 받을 때 지목이 농지에 해당되면 농지보전분담금을 납부해야 하는데 공시지가 30%의 금액에 전용하려는 면적을 곱하면 금액이 나온다.

보통 농지의 공시지가가 높기에 농지에 대한 세금이 매우 부담스럽게 느껴지기도 한다. 하지만 과도한 세금으로 인한 부담을 줄이기 위하여 상한가를 정해 놓았다. 공시지가의 30%가 5만 원을 초과할 수 없다는 것이다. 다시 말해 공시지가의 30%가 5만 원을 초과하는 금액이라면 그 토지의 국고세금은 5만 원만 곱하여 납부하면 된다.

임야에 대한 국고세금을 알아보자. 임야는 산림청에서 관리하는데 관리의 효율성을 위해 산지법으로 보전산지, 준보전산지, 산지전용제한지역으로 구분한다. 이 3가지 산지 중 준보전산지가 되어야만 개발을 할 수 있다. 토지이용확인에서 산지법으로 보전산지, 준보전산지, 산지전용제한지역이 표시되어 있으니 서류를 확인하면 어떤 산지인지를 알 수 있다.

준보전산지는 서류상에 표시하지 않기 때문에 토지이용원에 산지법에 대한 아무런 표시가 없다면 그 산지는 준보전산지로서 개발이 가능한 임야라고 생각하면 된다. 매년 산림청장이 이 3가지 산지에 대하여 개발행위허가를 득함에 따른 국고세금을 발표하므로 인터넷 검색을 통해 해당 연도의 각 산지에 따른 대체산림자원조성비를 알 수 있다.

마지막으로 초지에 대한 국고세금을 알아보자. 초지는 지목 중 목장용지라고 불리는 지목으로 초지법으로 초지인 것과 초지가 아닌 것으로 구분한다. 지목이 목장용지이면서도 개발행위허가 시 초지인지 아닌지에 따라 세금이 부과되기도 하고 부과되지 않기도 한다. 목장용지이면서 초지법에 의한 초지는 매년 농축산부 장관이 고시하는 금액을 전용하려는 면적에 곱하여 대체초지조성비로 납부하게 되는데, 인터넷 검색을 통하여 해당 연도의 금액을 알 수 있다.

지목별 국고세금의 종류

농지(전, 답, 과수원)

농지보전분담금 = 공시지가의 30% × 전용하려는 면적
상한가 : 공시지가 30%는 5만 원을 초과할 수 없다.

임야

대체산림자원조성비 = (단위면적당 금액 + 해당 산지 개별공시지가의 1000분의 10) × 전용하려는 면적
산지의 구분 : 준보전산지, 보전산지, 산지전용제한지역

초지(목장용지)

대체초지조성비 = 초지조성단가 × 전용하려는 면적 + 3년간 초지관리비

개발행위허가에 따른 지목별 국고세금은 토지 개발 원가에 속하기 때문에 토지 투자 수익을 계산할 때 꼭 필요한 개념이다. 토지를 투자할 때 더 많은 지식을 알고 있다면 분명 도움이 될 테지만 돈을 벌기 위한 최소한의 지식은 오직 개발행위허가라는 것을 명심해야 한다.

개발행위허가는
재량행위이다

토지 투자의 중심에는 개발행위허가가 있다. 그런데 이 개발행위허가는 일정 요건을 갖추면 무조건 허가를 받을 수 있는 것이 아니다. 여기에 무서운 함정이 있다. 개발행위허가는 재량행위이다. 한마디로 말하자면 허가가 날지 안 날지의 여부는 관청 담당자의 의견이 가장 중요하다는 것이다. 담당자의 판단에 따라 허가 여부가 결정되는 것이다.

이 말은 도로 조건이 훌륭하다고 생각되어도 관청 담당자의 생각에 따라 도로 조건이 만족되지 않을 수 있고, 그로 인해 개발행위허가가 반려될 수 있다는 것이다. 그렇기에 토지 투자 시 개발행위허가를 꼭 받아야 하는 입장이라면 사전에 담당자와 충분히 협의하고 허가에 대한 의견을 나누어야 한다.

계약서를 작성하는 요령도 숙지하고 있어야 한다. 이 책에는 계약서 작성할 때 유의점에 대해서도 실었다. 토지 투자 관련 책들을 보면 어떻게 투자해서 얼마를 벌었는지에 대해서는 자세하게 적혀 있지만 그 밖의 디테일한 것들은 알려 주지 않는다. 나도 토지에 관한 책을 많이 보았지만 항상 그러한 점이 아쉬웠다. 이 책은 복잡한 이론이 아닌 아주 실무적인 내용들로만 채우려고 한다. 왜냐하면 토지 투자로 돈을 버는 것이 생각보다 어렵지 않고 알아야 할 이론이 그리 많지 않기 때문이다.

마지막으로 중요한 것은, 안 된다고 하는 것도 누가 하느냐에 따라 될 수 있다는 것이다. 이것은 토지 투자의 함정이면서 기회이기도 하다. 과연 내가 누구도 할 수 없는 것을 할 수 있을까? 나는 여러 번의 경험으로 누구도 하지 못할 것이라고 말하는데도 불구하고 허가를 받은 적이 있다. 그 일로 인해 난 자신감을 가질 수 있었고 부도 자연스레 따라 왔다. 개발행위허가가 재량행위라는 것은 커다란 기회의 시장이 될 수 있다는 것임을 분명히 기억해야 한다.

개발행위허가 불허가 시 대처법

　허가를 받지 못할 경우 나는 '개발행위허가는 재량행위'라는 생각으로 다시 도전한다. 즉 허가가 날 수 없는 상황이라 하더라도 관청 담당자를 설득하고 이해시킬 수만 있다면 불가능하지 않다는 것이다. 어렵지만 가능한 일들을 찾아 매일같이 담당자를 설득하고 이해시켰다. 담당자를 만나 준비한 자료들을 꺼내어 설득하고 계속 이해시켰다. 결국 담당자는 내가 말하는 것들이 불가능하지 않다고 생각하게 되었고 결국 조건부 허가를 받을 수 있었다.

　그 일을 경험한 이후 나는 불허가나 문제가 생길 만한 상황이 되면 관청 담당자를 직접 찾아갔고 결국 허가를 받을 수 있었다. 그 일들을 통해 주변에서는 내가 움직이기만 하면 허가가 가능하다는 소문이 났고, 내가 한다고 하면 모두 믿는 분위기가 만들어졌다.

용도지역은 행위제한을
알기 위한 것이다

　용도지역에는 도시지역과 비도시지역이 있다. 용도지역을 구분
해 놓은 이유는 건축을 제한하기 위해서이다. 즉 해당 토지에는 어떤
건축물이 어느 정도의 규모로 들어올 수 있는지 여부를 알려 주는 것
이다.

　관리지역을 예로 들면 계획관리지역에는 거의 모든 건축물이 가
능하다. 건폐율이 40%이기에 다양한 건축물이 들어올 수 있고 상대
적으로 많은 건물을 지을 수 있다. 반면에 생산관리지역, 보전관리지
역에는 지을 수 있는 건축물이 상당히 제한적이다. 건폐율이 20%이
기 때문에 지을 수 있는 건축물이 한정되고 그 양도 그리 많지 않다.

　이렇게 용도지역으로 건축물을 제한하는 것을 가리켜 행위제한이
라고 한다. 용도지역의 분류는 국토의 균형적인 개발을 모색하기 위

용도지역

용도지역			건폐율		용적률	
			국토의 계획 및 이용에 관한 법률			
			법률	시행령	법률	시행령
도시지역	주거지역	제1종 전용주거지역	70% 이하	50% 이하	500% 이하	50~100% 이하
		제2종 전용주거지역		50% 이하		100~150% 이하
		제1종 전용주거지역		60% 이하		100~150% 이하
		제2종 전용주거지역		60% 이하		150~250% 이하
		제3종 전용주거지역		50% 이하		200~300% 이하
		준주거지역		70% 이하		200~500% 이하
	상업지역	중심상업지역	90% 이하	90% 이하	1500% 이하	400~1500% 이하
		일반상업지역		80% 이하		300~1300% 이하
		근린상업지역		70% 이하		200~900% 이하
		유통상업지역		80% 이하		200~1100% 이하
	공업지역	전용공업지역	70% 이하	70% 이하	400% 이하	150~300% 이하
		일반공업지역				200~350% 이하
		준공업지역				200~400% 이하
	녹지지역	자연녹지지역	20% 이하	20% 이하	100% 이하	50~100% 이하
		생산녹지지역				50~100% 이하
		보전녹지지역				50~80% 이하
관리지역		계획관리지역	40% 이하	40% 이하	100% 이하	50~80% 이하
		생산관리지역	20% 이하	20% 이하	80% 이하	50~80% 이하
		보전관리지역				50~80% 이하
농림지역			20% 이하	20% 이하	80% 이하	50~80% 이하
자연환경보전지역			20% 이하	20% 이하	80% 이하	50~80% 이하

해 각 용도지역별로 행위제한을 가하려고 하는 것이다. 그래서 어느 용도지역이냐에 따라 토지의 가치가 달라진다.

용도지역과 행위제한을 아는 것은 가치 있는 토지를 골라낼 수 있는 안목을 기르는 데 도움이 된다. 토지 투자자라면 용도지역을 어떻게 분류하는지 정확히 이해하고, 더 나아가 행위제한을 제대로 알고 있어야 한다.

절세를 위해 토지의
세금 구조를 파악한다

    토지 투자자라면 토지의 세금 구조에 대해서 정확히 파악하고 있어야 한다. 토지의 보유 기간에 따라 세금이 다르며, 매입할 때 법인으로 하는가, 개인으로 하는가에 따라서도 납부하는 세금의 종류가 달라진다.

    일단 개인의 양도소득세 구조부터 알아보자. 기본적으로 부동산 물건을 취득하여 매도하게 될 때 보유 기간에 따라, 또는 차액에 따라 세금이 다르다.

    먼저 8년 자경농에 한하여 양도세를 감면하는 규정 이외에는 모든 토지가 양도소득세를 납부하여야 한다. 단기 매도에 따른 양도소득세를 알아보면 보유 기간이 1년 미만일 경우에는 차액의 50%를 세금으로 납부하여야 한다. 그러므로 토지를 매입할 때 단기 매도를 계획했다면 절세를 하기 위한 방법을 모색해야 한다.

보유 기간이 1년 이상 2년 미만일 경우에는 차액의 40%를 세금으로 납부해야 한다. 개인의 양도소득세는 굉장히 무거운 세금 구조를 가지고 있기 때문에 단기 매도를 하기 위한 토지를 매입할 때 무거운 세금을 피할 수 있는 방법들을 연구해야 한다.

보유 기간 2년 이상이 되면 비로소 차액의 크기에 따라 세금이 달라지는 누진세의 구조로 세금을 납부하게 된다. 예를 들어 차액이 1,200만 원 이하라면 6%의 세금을 내고, 차액이 3,000만 원이라면 1,200만 원까지는 6%를 내고 나머지 1,800만 원에 대해 15%의 세금을 낸다. 따라서 개인으로 매입했다면 단일세율이 아닌 누진세 적용을 받기 위해 적어도 2년 이상을 보유해야 한다.

2022년 양도소득세 세율

과세대상 양도소득		양도소득세 세율
내용	보유 기간, 소재지	
주택·조합원 입주권	1년 미만	70%
	1년 이상 ~ 2년 미만	60%
	2년 이상	6~45%
토지·건물 및 부동산에 관한 권리 (주택·조합원입주권·분양권 제외)	1년 미만	50%
	1년 이상 ~ 2년 미만	40%
	2년 이상	6~45%
분양권	조정대상지역	60% (보유 기간 1년 미만 : 70%)
	비조정대상지역	
미등기 양도자산		70%
2주택 중과세		기본세율 + 20%
3주택 중과세		기본세율 + 30%

비사업용 토지란 무엇인가?

토지 투자자라면 비사업용 토지가 무엇인지를 정확히 알고 있어야 한다. 비사업용 토지란 쉽게 말해 투기의 목적으로 보유하는 토지를 말한다. 토지를 매입했을 때 자기가 이용하기 위해서 취득했는지 아니면 그저 돈을 벌기 위해 취득했는지를 따져서 추후 매도 시 납부하는 양도소득세를 차등 적용하겠다는 것이다.

하지만 이로 인해 상속받은 토지 등 여러 가지 이유로 오랫동안 보유했던 토지가 일괄적으로 평가되어 투기의 목적이 아님에도 불구하고 절대평가되어 무거운 세금을 물어야 하는 경우도 빈번하게 일어나고 있다. 그러므로 비사업용 토지가 무엇인지를 정확히 알고, 토지 투자를 위해 매입한 땅을 어떻게 사업용 토지로 만들어 세금을 중과당하지 않게 할 수 있는지를 연구해야 한다.

먼저 비사업용 토지를 구분하는 기준이 지목별로 다르다. 농지에 대하여, 임야에 대하여 등 지목별로 사업용 토지와 비사업용 토지의 기준을 명확히 알아야 한다. 인터넷 검색을 통해 쉽게 찾아볼 수 있다. 토지 투자자는 지목별로 어떠한 기준을 가지고 있어야 사업용 토지가 되는지를 알고 있어야 한다.

예를 들어 나는 서울에 살고 있다. 그런데 여윳돈이 생겨 경기도 화성 지역의 지목이 전인 토지를 매입했다고 가정하자. 투자하기 위해 매입한 것이기에 당연히 농사를 짓고 있지 않다. 이 경우 이 토지는 사업용 토지일까? 비사업용 토지일까? 정답은 비사업용 토지로 분류된다.

농지는 2가지 조건을 갖추어야 한다. 재촌을 해야 하고, 자경을 해야 한다. 재촌이라는 것은 내가 살고 있는 지역이 그 농지의 소재지에 있거나 연접 시에 있는 경우를 말한다. 그런데 농지는 화성에 있는데 거주지는 서울이면 재촌 규정을 충족하지 못하여 이 농지를 매도하게 되면 차액에 세금을 중과하여 더 많은 세금을 내게 된다. 어느 정도의 세금을 내는가 하면 개인 양도소득세의 누진세 6~45% 구간에 10%를 더하여 16~55%의 세금을 납부하게 된다.

다른 예를 들어 보자. 서울에서 거주하면서 화성의 농지를 취득하였고 농사를 실제로 지었다면 이 토지는 사업용 토지일까? 비사업용 토지일까? 정답은 비사업용 토지로 분류된다.

사업용 토지가 되기 위해서는 재촌과 자경 2가지 조건을 모두 만족해야 한다. 둘 중 한 가지가 결여된다면 그 토지는 비사업용 토지로 분류되어 기존 누진세의 양도소득세에서 10%를 중과하여 16~55%의 세금을 물게 된다.

그렇다면 농지를 사면 무조건 비사업용에 의한 중과세를 염두에 두어야 하는 것일까? 그렇지는 않다. 얼마든지 비사업용 토지를 사업용 토지로 만들 수 있다. 그 방법에 대하여 이제부터 설명하도록 하겠다.

먼저 비사업용 토지를 사업용 토지로 만들기 위해서는 사용하는 목적을 다르게 바꾸면 된다. 다시 말해 지목이 농지나 임야인 경우 건물을 지어 대지로 만들면, 해당 토지에 건물을 지어 임대를 할 것이라는 목적으로 분류되기 때문에 그 토지를 매도할 때 사업용 토지로 분류되어 중과세가 되지 않는다.

토지 투자를 위해 토지를 매입해서 개발행위허가를 받아 토목 공사를 할 것이라면 보유 기간과 사업 비용 등을 따져 건물을 지어 대지로 만든 다음 사업용 토지로 양도세가 중과세되지 않는 방법을 연구해야 한다.

실제로 나는 여러 부지에 건물을 지었는데 각기 다른 세금 전략으로 토지 투자를 진행하고 있다. 일괄적으로 모두 똑같이 개발하는 것이 아니라 그 토지의 성격에 맞게 자신의 토지 투자 시스템을 만들면 된다. 토지를 다루는 토지 투자자는 비사업용 토지에 대한 전략을 완벽히 세워 두어야 한다.

지목별 사업용 토지 요건

구분	사업용 요건	
	원칙	예외
①농지	재촌·자경할 것	· 재촌·자경을 하지 않아도 되는 경우 : 「농지법」상 소유 허용 농지(3년 미만의 상속·이농농지, 고령자의 농지, 농지은행 위탁농지 등) · 무조건 사업용 토지로 보는 경우 : 8년 이상 재촌·재경한 상속·증여농지(도시지역 밖), 5년 내 처분한 상속농지(도시지역 불문), 수용농지(도시지역 불문) 등
	도시지역 밖 소재할 것	
②임야	재촌할 것	· 재촌하지 않아도 되는 경우 : 3년 미만의 상속임야, 공익임야 등 · 무조건 사업용 토지로 보는 경우 : 8년 이상 재촌한 상속·증여 임야(도시지역 밖), 수용임야(도시지역 불문) 등
③목장용지	소유자가 축산업을 영위할 것	· 축산업 영위를 하지 않아도 되는 경우 : 3년 미만의 상속목장용지 등 · 무조건 사업용 토지로 보는 경우 : 8년 이상 목축업 영위 상속·증여 목장용지(도시지역 밖), 수용목장용지(도시지역 불문) 등
	도시지역 밖에 소재할 것	
	가축별 기준면적 내에 해당할 것	
④농지, 임야, 목장용지 외의 토지 (기타의 토지)	재산세 비과세·분리과세·별도합산 대상토지일 것	· 수용 기타의 토지(사업인정고시일 2년, 5년 이전에 취득)
	재산세 종합합과세 대상토지 중 거주·사업에 직접 관련된 토지일 것	
⑤주택의 부속토지	기준면적(3~5배*, 10배) 내의 토지일 것	
⑥별장부속토지	무조건 비사업용 토지	
공통요건	법령 제한 금지, 멸실 등의 기간 등 사업용 기간으로 인정	

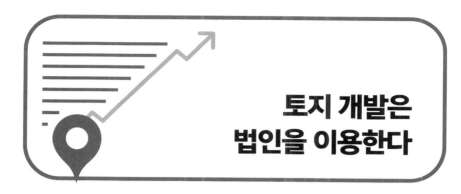

토지 개발은
법인을 이용한다

토지 개발은 단기 투자 방식이다. 토지를 매입하여 개발행위허가를 받은 뒤 토목 공사를 거쳐 매도하는 것으로 6개월 정도면 모든 절차가 마무리된다. 그런데 토지를 개인으로 매입하면 단기 매도에 따른 무거운 양도소득세를 세금으로 납부해야 한다.

이를 피하려면 법인을 이용해야 한다. 법인은 양도소득세를 세금으로 납부하지 않고 법인소득세로 납부한다. 또한 법인은 개인과 달리 보유 기간을 따지지 않는다. 즉 오늘 샀다가 일주일 후에 매도한다 해도 차액에 따른 법인세를 부담하면 그만이라는 것이다. 그렇다면 법인세는 몇 %일까?

법인세율

과세표준	법인세율
2억 원 이하	10%
2억 원 초과 ~ 200억 원 이하	20%
200억 원 초과 ~ 3,000억 원 이하	22%
3,000억 원 초과	25%

　　법인은 위 표에 보이는 법인세율에 따라 세금을 내게 된다. 예를 들어 오늘 내가 1억 원에 부동산을 매입하고 일주일 후 2억 원에 매도할 경우 그 차익은 단순하게 1억 원이 나는 것이고 그 매도에 따른 세금은 10%인 1,000만 원이다. 이를 개인의 양도소득세와 비교해 보면 개인은 1년 미만이면 50%의 세금을 내야 하는데 법인은 1,000만 원의 세금만 내면 되는 것이다.

　　이는 엄청난 절세 효과를 가져 온다. 그러므로 토지 투자자라면 법인을 적극적으로 이용해야 한다. 또한 법인세는 부동산을 매매한 즉시 납부하는 것이 아니라 그 다음해에 법인세를 결산할 때 납부하기 때문에 절세할 수 있는 충분한 시간이 주어진다. 많은 법인 대표가 그 기간 동안 경비로 처리하기 위해 법인 카드를 많이 사용한다.

　　그 밖에도 법인을 이용하여 절세할 수 있는 실무적인 방법이 아주 많기 때문에 법인을 이용하여 절세하는 것에 대해 충분히 숙지해야 한다. 이러한 방법은 책을 보거나 인터넷 검색을 한다고 해도 절대 알 수 없는 것들이다.

법인
설립하는 법

 토지 투자를 할 때 법인을 이용하는 것이 얼마나 큰 절세 효과를 갖게 되는지 알게 되었을 것이다. 그렇다면 법인은 어떻게 설립해야 하는 걸까? 먼저 상호를 정하고 인근 법무사 사무실에 법인을 내 달라고 의뢰한다. 법인은 2인 이상이어야 설립이 가능하기 때문에 나 말고도 한 명이 더 있어야 한다. 오래전에는 법인 설립 시 자본금 규모가 정해져 있었지만 현재는 법인 통장을 개설할 수만 있다면 설립할 수 있다.

 상호를 정하고 서류를 제출한 뒤 일주일 정도 지나면 법인이 설립된다. 이때 법인 등기가 만들어지는데 주의할 것은 등기와 사업자는 별개라는 것이다. 법인 등기가 나오면 법인 사업자를 내야 한다. 법인은 기장이라는 것을 해야 하므로 인근 세무사에 의뢰하여 기장을 맡기면서 사업자등록 대행을 부탁하면 된다. 그러면 비로소 법인을 이용하는 법인 사업자가 만들어지게 된다.

이때 법인의 업태와 종목을 골라야 한다. 대출을 받아서 토지를 매입해야 하기 때문에 은행에서 기피하는 업종은 최대한 제외하고 은행에서 좋게 보는 업종을 선택하는 것이 좋다. 선호하는 업종은 시기에 따라 달라지는데 요즘은 부동산 임대업 등 경기를 타는 민간 업종에 대해서는 대출을 기피하기 때문에 그러한 업종은 피하여 법인을 설립해야 한다. 그 밖에도 피해야 하는 업종과 추가해야 하는 업종 등이 있으니 법인 설립 시 전문가의 조언을 듣는 것을 권한다.

법인으로
농지 취득하는 법

　이제 법인을 이용하여 토지를 취득할 수 있게 되었다. 그런데 일반 법인은 경작 목적의 농취증을 받을 수 없다. 즉 일반 법인은 농지를 취득할 수 없다는 말이다. 아무리 세금을 절세할 수 있다고 한들 법인을 설립하여 농지를 취득하지 못하는 일이 생긴다면 무용지물이 되고 만다.

　이에 일반 법인이 농지를 취득할 수 있는 방법을 알려 주고자 한다. 바로 개발행위허가를 받는 것이다. 농사를 짓기 위해 농지를 취득하려는 것이 아니고 그 땅에 건물을 지어서 임대 사업을 하겠다고 신고하는 것이다. 그러면 관청에서 그 말을 입증할 수 있는 서류를 가지고 오라고 하는데 그때 필요한 서류가 개발행위허가증이다.

　당연히 토지를 매수하려는 사람의 명의로 개발행위허가증이 있어야 한다. 그럼 아직 잔금을 치르지 않고 내 토지로 만든 것이 아닌데 어떻게 내 이름으로 된 허가증을 받을 수 있냐고 물어보는 사람이 있을 것이다. 그래서 토지 개발을 하기 위한 계약서 작성법을 알아야만 하는 것이다.

뒤에서 설명하겠지만 계약 당시 계약금을 지불하고 매수자의 이름으로 개발행위허가를 받고 농지를 취득하기 위해 매도인의 토지사용승낙서를 받는 것이다. 매도인의 토지사용승낙서를 받으면 매수자의 이름으로 개발행위허가를 신청할 수 있다.

한 달에서 한 달 반 정도 후에 개발행위허가증을 수령하게 되면 허가증을 첨부하여 농지취득자격증명을 받을 수 있다. 이때 농취증의 목적을 사업용으로 받는다. 그러면 매수자인 법인은 농취증을 수령할 수 있으며 수령받은 농취증으로 등기할 수 있다. 즉 일반 법인이 농지를 취득하게 되는 것이다.

법인의
비사업용 토지

    토지의 세금 중에는 비사업용 토지에 따른 중과세 규정이 있다. 개인의 양도소득세는 물론 법인의 법인소득세에도 중과세를 적용한다는 것이다. 법인의 법인세에 어떻게 중과세를 적용한다는 것일까? 차익에 따라 법인세에 10%를 중과하겠다는 것이다.

    그런데 아직 해결되지 않은 것이 하나 있다. 법인이 보유하고 있는 개발행위허가를 받고 부지를 조성한 토지는 사업용일까? 비사업용일까? 이에 대해서는 아직 정답을 찾지 못했다. 개발행위허가를 받고 토목 공사를 완료한다고 해도 지목은 여전히 농지라는 것 때문에 달리 해석할 수 있기 때문이다. 나는 농사를 짓지 않겠다고 하고 농지를 매입하였기에 전용허가를 받고 토목 공사까지 완료한 농지는 사업용으로 보아야 한다고 생각한다.

그렇다면 허가를 받고 토목 공사가 완료된 부지를 매입한 법인이 보유한 농지는 사업용일까? 비사업용일까? 이것도 정확한 규정이 없기에 헷갈린다. 하지만 나는 이것도 허가권을 양수받은 법인은 그 사업의 지위를 그대로 가져 오는 것이고 농지를 취득할 때도 농사 목적의 농취증을 받지 않고 매입했기 때문에 사업용 토지로 보아야 한다고 생각한다. 그 토지를 매입할 때부터 지목만 농지였을 뿐 단 한 번도 농지의 모습이었던 적이 없었기 때문이다.

나는 현재 그러한 부지를 가지고 있는데 세금 면에서 신고할 때 중과세를 해야 할지, 기본세율을 적용해야 할지 아직도 결정하지 못하고 있다. 이 책을 읽는 세무 고위 공무원이 있다면 세법의 비사업용 토지 부분에서 개발행위허가를 받은 농지에 대하여 구체적인 법규를 만들어 주기를 바란다. 토지 시장에서 더 이상의 혼란을 야기하지 않았으면 하는 바람이다.

극강의 대출을 받는 법

　토지를 매입할 때 대출을 얼마나 받을 수 있는가는 아주 중요한 부분이다. 가장 기본적인 이론은 개발행위허가를 받은 뒤 감정하면 인근 대지를 기준으로 감정하여 감정가가 높게 형성되고 지목별로 해당 담보율에 따른 대출을 받을 수 있다는 것이다. 토지를 매입하면서도 레버리지를 이용하여 최소한의 현금으로 투자가 가능하게 만드는 것이다.

　이건 아주 기본적인 이론으로 내가 책을 통해 자주 언급했던 내용이다. 그렇다면 법인이 토지를 매입하고자 할 때 대출은 어떤 방법으로 활용할 수 있을까? 많은 사람이 신설 법인으로는 대출을 받기 어렵다고 말한다. 기본적으로는 신설 법인으로 대출을 받는 것이 쉽지 않지만 일부 은행에서는 신설 법인이 오히려 대출받기가 더 편하다.

상식적인 이야기는 아니지만 그러한 은행을 알고 나의 투자에 직접 적용할 수 있다면 이것은 엄청난 능력이다.

그렇다면 그런 은행은 어디일까? 그 내용을 자세히 설명하기에는 조심스러운 면이 있기 때문에 여기에서는 언급하지 않으려 한다. 직접 실전에서 부딪쳐 보면 찾을 수 있을 것이다. 분명한 것은 기존 법인의 재무제표가 좋지 않은 경우가 많기에 오히려 신설 법인의 대출을 선호하는 은행이 있다는 것이다.

비사업용 토지 중과세를 피하는 법

　내가 투자한 토지가 비사업용 토지로 분류되면 중과세를 당하게 된다. 그렇다면 중과세를 피하려면 어떻게 해야 할까? 앞에서 언급했듯이 지목을 바꾸면 된다. 그렇다면 어떻게 지목을 바꿀 수 있는지를 이해할 필요가 있다.

　원형지 토지 위에 개발행위허가를 받아 건물을 지으면 그 토지의 지목은 대지로 변하게 된다. 대지를 사업용 토지와 비사업용 토지로 구분하는 기준은 건물이 있느냐 없느냐이다. 그러므로 지목이 원형지인 토지를 매입했다면 개발행위허가를 받고 건축허가를 받아 건물을 지으면 지목이 대지로 바뀌고, 대지 위에 건물이 존재하기 때문에 그 토지는 사업용 토지가 된다.

　여기서 주의해야 할 부분은 그 토지 전체가 사업용으로 인정받기 위해서는 일정 면적 이상의 건물이 존재해야 한다는 것이다. 건물을 지을 때는 토지 면적에 따라 건물 평수를 정하게 되는데 그 건물의 용도가 주택이라면 주택부수토지가 된다.

건물의 용도가 주택이라면 주·상·공 지역에서는 건물 면적의 3배만큼 사업용 토지로 보고, 녹지지역에서는 건물 면적의 5배까지, 비도시지역에서는 건물 면적의 10배까지 사업용 토지로 인정한다. 건물의 용도가 주택이 아니라면 용도지역별로 용도배율을 따로 정하는데 그에 맞게 건물을 지어야 그 토지 전체가 사업용이 된다는 사실을 잊어서는 안 된다.

마지막으로 사업용 토지가 되는 기간 기준이 있다. 이 조건을 만족해야만 사업용 토지로 인정받을 수 있다. 다음 3가지 조건 중 유리한 것을 적용하면 된다.

첫째, 보유 기간의 60%가 사업용이어야 한다.

둘째, 양도일 직전 3년 중 2년 이상 사업용으로 사용했어야 한다.

셋째, 양도일 직전 5년 중 3년 이상 사업용으로 사용했어야 한다.

여기서 양도일 직전 3년이나 5년은 연속한 기간을 말하는 것이 아니라 연속하지 않더라도 전 보유 기간 전체를 적용한다. 이렇게 비사업용 토지를 매입하여 사업용 토지로 만들 수 있다.

사업용 토지 기간 기준

1. 보유 기간의 60%
2. 양도일 직전 3년 중 2년
3. 양도일 직전 5년 중 3년

주택부수토지

도시지역 토지

수도권 내의 토지 중 주거, 상업, 공업지역 내의 토지 : 3배

수도권 내의 토지 중 녹지지역의 토지 : 5배

수도권 밖의 토지 : 5배

비도시지역 토지

10배

최고의 투자는
분산 투자이다

　오랜 시간 토지 투자를 해 오면서 '누가 날 믿고 5억 원만 투자해 준다면 돈 벌어 줄 수 있는데…'라는 생각을 정말 많이 했다. 한참 토지 개발을 하던 시기에는 자신감도 있고 개발할 곳이 많이 보이는데 돈이 많지 않으니 무척 안타까웠다.

　현장을 진행하다 보면 항상 많은 돈을 투자해야 하는 상황이 되었고, 한 현장을 진행하더라도 비교적 많은 돈을 투자해야 해서 많은 대출금 때문에 개발한 토지가 빨리 팔리지 않으면 어마어마한 이자에 숨이 막힐 정도였다. 2개 이상의 현장을 진행하게 되면 자금 압박이 더욱더 큰 스트레스로 다가왔다. 그러면서 개발이 쉬운 일이 아니라는 걸 뼈저리게 느꼈다.

　나도 초보 시절이 있었고 여러 번의 시행착오를 겪으면서 나만의 토지 투자 시스템을 만들게 되었다. 실제로 처음 개발할 때는 마을 안쪽의 땅을 사서 주택부지로 조성하여 편평한 부지로 만들어 놓기만 하면 쉽게 매도될 거라고 생각했다. 그래서 처음에는 마을 안쪽의 작은 임야를 매입했다. 정남향에 약간 언덕진 자리이면서 인근에 편의 시설을 이용할 수 있는 위치였기 때문에 개발만 해 놓으면 쉽게 팔릴 줄 알았다.

그런데 상황은 그렇지 못했다. 토목 공사를 마치고 여러 곳에 매물로 내놓았는데 매수 연락이 오지 않았다. 하루하루 이자 걱정에 가슴이 바짝바짝 탔다. 돈을 벌지도 못한 채 매달 400만 원씩 이자가 나가고 있으니 말이다.

그래서 오랫동안 '토지 개발이 돈을 버는 건 확실한데 좀 여유 있게 개발하며 기다리고 싶다.'는 생각을 해 왔다. 나는 성격상 일을 할 때 최악의 상황을 염두에 두는 버릇이 있기 때문에 개발 후 토지가 팔리지 않을 경우 받게 될 자금 압박을 걱정하지 않을 수 없었다.

그러다 보니 리스크를 최소화할 수 있는 방법을 고민했다. 많은 현장을 동시에 진행하면 한 현장이 실패한다 해도 이겨 낼 수 있는 힘이 있을 것이라는 생각이 들었다. 한 현장의 마진이 적더라도 다른 현장이 있으니 한 번에 많은 돈을 벌려고 하기보다 여러 현장에서 조금씩 버는 방식을 택했다.

최고의 투자 방식은 한곳에 올인하는 것이 아니라 여러 곳의 현장으로 분산 투자하는 것이다. 여러 현장으로 나눠서 분산 투자하면 리스크를 최소화하면서 투자 대비 수익률을 올리게 되어 돈을 버는 데도 전혀 문제가 없다. 또 많은 돈을 투자하지 않았기에, 또는 여러 사람과 함께 투자한 상황이기에 이자에 대한 부담도 혼자서 질 필요가 없다.

분산 투자하니 기다릴 수 있고, 더 좋은 금액으로 매도가 가능한 상황을 만들 수 있다. 토지 투자를 부담 없이 해 나가려면 뜻이 통하는 사람들과 함께 여러 현장에 투자하는 것을 추천한다. 분산 투자가 성공의 지름길이다.

3장

돈을 벌 수 있는
토지의 조건

2차선 도로변
토지여야 한다

토지 투자를 통해 비교적 짧은 기간 안에 높은 금액으로 매도하기 위해서는 2차선 도로변 토지를 매입해야 한다. 나는 도로변 땅도 사 보고 마을 안쪽의 땅도 사 보았다. 그렇게 실제로 매입하고 토목 공사를 마친 뒤 매도했는데, 2차선 도로변 토지는 토목 공사를 하던 중에 지나가는 매수자에게 연락이 와서 토지 매입 후 몇 달이 지나지 않아 매도한 적이 많았다.

반면에 2차선 도로변이 아닌 마을 안쪽의 토지를 매입하여 토목 공사를 마무리했을 때는 팔기 위해 인근 부동산중개업소들을 돌면서 부탁의 말을 해야만 했고 쉽게 매도되지 않는 상황이 많았다. 토지 개발로 돈을 벌려면 마을 안쪽의 저렴한 토지를 매입하고 공사를 마친 뒤 조금 높은 금액에 팔아야 한다는 사람도 있지만 내 생각은 다르다. 내가 직접 해 본 결과 팔리지 않는 것에 대한 스트레스가 엄청나고, 비교적 빠른 기간에 매도하기 쉽지 않았다.

물론 마을 안쪽의 토지를 저렴한 값에 매입하여 허가받고 토목 공사를 마무리하여 약간 높은 값으로 매도하여 돈을 벌 수도 있다. 하지만 나는 그렇게 진행하는 토지 개발이 너무 어렵고 힘들어진다는 걸 느끼게 되면서 매도할 때 비교적 쉬운 토지 개발이 되는 상황을 선호한다.

그러다 보니 나의 토지 투자 방식은 도로 조건이 훌륭한 토지를 매입하는 식으로 되었다. 실제로 그런 토지를 매입하고 공사를 해 보니 너무나 쉽게 매도되었다. 팔기 위해 특별히 노력하지 않았는데도 토지가 정리되고 나면 누구나 사고 싶어 하는 모습으로 바뀌었기 때문이다.

그렇게 나의 신념은 굳어져 갔고, 지금은 도로 조건이 훌륭하지 않으면 매입하지 않는다. 여러분도 토지 개발에 많은 지식이 필요하고 투자 경험이 필요한 물건을 고르는 형태로 투자하지 않았으면 한다. 좀 더 쉽게 토지 투자를 할 수 있는 방법이 있으니 상대적으로 어렵게 토지 개발을 할 필요가 없다.

여러분과 뜻이 맞는 사람들을 찾아 함께 도로 조건이 아주 좋고 비교적 매입가가 비싼 물건을 골라 매입하는 편이 더 수월하다. 물론 함께 하는 투자이기에 건당 많은 돈을 벌지는 못하지만 실패했을 때 리스크를 최소화할 수 있으며, 소액으로도 가능하다. 실제로는 누가 봐도 좋은 땅을 매입했기에 실패하기 쉽지 않은 상황이 된다.

용도지역은 자연녹지, 계획관리여야 한다

토지 개발을 해서 높은 값을 받고 매도하기 위해서는 원석을 잘 골라야 한다. 나는 수많은 토지를 매입하면서 알게 된 사실이 있다. 개발을 잘하고 쉽게 매도하기 위해서는 자연녹지 또는 계획관리지역의 토지를 골라 매입해야 한다는 것이다. 이 2개 용도지역 외의 것들이 나쁘다는 이야기를 하려는 것이 아니다. 개발을 해서 빨리 매도하기 위해서는 2개의 용도지역이 성공 확률이 높다는 것이다.

실제로 자연녹지, 계획관리지역에는 여러 가지 용도의 건축물을 지을 수 있기 때문에 부지를 조성해 놓으면 다양한 매수자에게서 문의가 들어온다. 그때마다 "모두 가능하다."는 말을 할 수 있다. 그와 달리 생산관리지역, 보전관리지역에는 다양한 시설이 들어올 수 없고 생산녹지지역, 보전녹지지역 등은 농지법으로 제한된 것이 많아 절대농지와 같은 행위제한을 갖는다. 이런 토지는 토목 공사를 마쳤다 하더라도 들어올 수 있는 업종이 아주 제한적이기 때문에 매수자의 문의에 "불가능할 것 같습니다."라는 말을 자주 하게 된다.

이는 빠른 시간 안에 매도해야 하는 개발 업자에게는 굉장히 큰 리스크가 된다. 그래서 토지를 매입하여 돈을 벌기 위해서는 자연녹지, 계획관리지역 외에는 선호하지 않게 된 것이다. 지금 당장 개발하지도 않고 빨리 매도할 생각도 없고 시간이 지나 돈을 벌기를 바라는 토지 투자를 할 게 아니라면 꼭 자연녹지지역 또는 계획관리지역의 물건만 매입할 것을 권한다.

평수는 작으면 작을수록 좋다

　많은 사람이 막연히 토지 투자를 하기 위해서는 큰 평수의 토지를 매입해야 한다고 생각한다. 그런데 토지 투자로 돈을 벌기 위해서는 작은 땅을 매입하는 것이 좋다. 내가 만약 토지를 갖게 된다면 몇 평 정도를 갖고 싶을까? 더욱이 그 토지가 도로 조건이 훌륭한 입지를 가지고 있다면 어떤가? 등을 생각해 보자.

　2차선 도로변의 토지이면서 모양이 네모반듯하며 용도지역도 좋은 200평 내외의 토지가 갖고 싶다는 생각이 들었다면 다른 사람들도 마찬가지의 생각을 할 것이다. 그렇다면 처음부터 그 정도 규모의 토지를 찾거나, 그게 여의치 않을 경우 면적이 좀 더 넓은 2차선 도로변 토지를 사서 200평 내외로 물건을 여러 개 만들면 된다. 2차선 도로변의 넓은 땅을 작은 평수로 나누어 개발하면 매입 가격보다 더 비싸게 팔기에도 좋다.

보통 토지는 작을수록 단위당 값이 높다. 예를 들어 2차선 도로변의 1,000평짜리 토지가 있다고 하자. 이것을 평당 100만 원에 매입한 뒤 허가를 받고 토목 공사를 마쳐 100평씩 10개의 부지로 만들었다고 가정하자. 과연 이 토지를 얼마에 팔 수 있을까? 물론 파는 금액은 사람에 따라 달라질 수 있지만 한 가지 확실한 건 내가 들인 금액보다 이득을 보고 팔 수 있다는 것이다. 매도도 비교적 빠른 기간 안에 이루어질 수 있다.

도로법 적용이 없는 토지를 고른다

주의할 것은 모든 2차선 도로라고 해도 좋은 것이 아닐 수 있고 함정이 숨어 있을 수 있다는 것이다. 2차선 도로가 도로법 적용을 받는지 여부에 따라 가·감속 차선 공사가 이루어져야 하기 때문에 과도한 개발비가 들어 예상했던 수익보다 많이 남지 못하는 일이 생기게 될수도 있다. 결론부터 말하면 2차선 도로이지만 시도나 도로법 적용을 받는 도로가 있으니 사전에 확인할 필요가 있다는 것이다.

만약 시에서 관리하는 시도라면 가·감속 차선 공사는 하지 않아도 되며, 도로법 적용을 받는 도로라면 가·감속 차선 공사가 수반될 수있다. 이는 토지를 매입하여 공사할 때 공사비의 상승을 야기하게 되므로 토지 투자자에게는 매우 중요한 사항이다.

그렇다면 어떤 도로가 가·감속 차선 공사를 해야 하는 도로이며,

어떤 도로가 필요 없는 상황인지 알 수 있는 방법이 있을까? 가장 확실한 방법은 관청 담당자에게 지번을 대고 가·감속 차선 공사의 여부를 물어보는 것이지만 담당자에게 문의하기 전에 토지이용계획원 열람으로도 대충 알 수 있다.

토지이용계획원을 열람해 보면 '다른 법령 등에 따른 지역·지구등' 난이 있는데 그 칸에 〈도로법〉이라는 표시가 있으면 도로법 적용을 받는 도로이고, 〈도로법〉이라는 표시가 없으면 시도로 가·감속 차선 공사가 필요 없겠다고 생각하면 된다. 이렇게 2차선 도로변 토지를 보면 토지이용계획원을 열람해서 그 토지가 〈도로법〉 적용을 받는지 여부를 꼭 확인해야 한다.

도로법이 없는 토지이용계획원

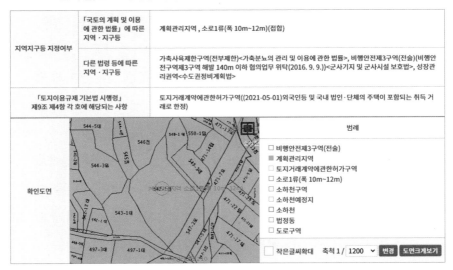

지역지구등 지정여부	「국토의 계획 및 이용에 관한 법률」에 따른 지역·지구등	계획관리지역 , 소로1류(폭 10m~12m)(접합)
	다른 법령 등에 따른 지역·지구등	가축사육제한구역(전부제한)<가축분뇨의 관리 및 이용에 관한 법률>, 비행안전제3구역(전술)(비행안전구역제3구역 해발 140m 이하 협의업무 위탁(2016. 9. 9.))<군사기지 및 군사시설 보호법>, 성장관리권역<수도권정비계획법>
「토지이용규제 기본법 시행령」 제9조 제4항 각 호에 해당되는 사항		토지거래계약에관한허가구역((2021-05-01)외국인등 및 국내 법인·단체의 주택이 포함되는 취득 거래로 한정)

도로법이 있는 토지이용계획원

지역지구등 지정여부	「국토의 계획 및 이용에 관한 법률」에 따른 지역·지구등	계획관리지역 , 중로1류(폭 20m~25m)(접합)
	다른 법령 등에 따른 지역·지구등	가축사육제한구역(전부제한구역)<가축분뇨의 관리 및 이용에 관한 법률>, 접도구역<도로법>, 성장관리권역<수도권정비계획법>
「토지이용규제 기본법 시행령」 제9조 제4항 각 호에 해당되는 사항		토지거래계약에관한허가구역((2021-05-01)외국인등 및 국내 법인·단체의 주택이 포함되는 취득 거래로 한정)
확인도면		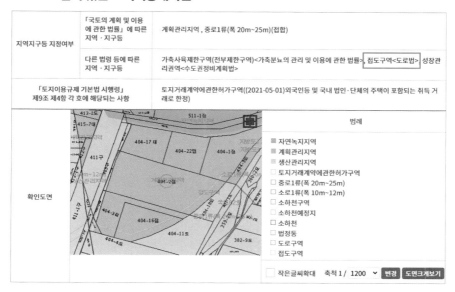

범례
- ■ 자연녹지지역
- ■ 계획관리지역
- ■ 생산관리지역
- □ 토지거래계약에관한허가구역
- □ 중로1류(폭 20m~25m)
- □ 소로1류(폭 10m~12m)
- □ 소하천구역
- □ 소하천예정지
- □ 소하천
- □ 법정동
- □ 도로구역
- □ 접도구역

□ 작은글씨확대   축척 1 / 1200 ▾ 변경 도면크게보기

가·감속차선

개발 기간이 짧아야 한다

　성공적인 토지 투자가 되려면 비교적 짧은 기간 안에 수익을 내야 한다. 그러려면 개발할 토지를 고를 때 인허가 기간이 짧을 것으로 예상되는 토지를 골라야 한다. 그렇다면 어떻게 인허가 기간을 예상할 수 있을까?

　토지 면적으로 개발 기간을 예상할 수 있다. 앞으로 어떤 업종을 유치하는지에 따라, 또는 일정 면적 이상의 토지가 되면 도시계획심의를 받아야 한다. 그런데 이 심의 대상이 되면 개발행위허가를 받을 수 있는 기간이 보통 3개월에서 늦으면 6개월까지 걸린다.

　도시계획심의는 어느 위치에 어떤 업종이 들어오려 할 때 전문가들을 통해 그 업종이 들어오면 문제가 될 수 있는 것이 있는지를 심의하겠다는 것이다. 그런데 실무적으로 심의 대상이 되면 이 기간이 너무 길게 예상되므로 개발행위허가를 받고 토지를 매입하려는 매수자의 입장에서는 매매계약 시 매도인과 원활한 협의가 이루어지지 않아서 매입하려는 땅을 사지 못하는 일이 일어날 수 있다.

또한 심의 대상이 되면 개발 기간을 정확히 예상할 수 없어서 사업계획서를 미리 작성하기 힘들다. 이러한 문제 때문에 비교적 개발 기간이 짧은 토지, 도시계획심의의 대상이 되지 않는 토지를 골라야 하는 것이다.

그럼 도시계획심의를 받지 않아도 되는 토지는 어떤 곳들일까? 각 지역마다 조례로 달리 정하고 있기 때문에 내가 개발할 지역의 조례를 확인하여 도시계획심의의 대상이 되는 토지를 알아 둘 필요가 있다.

예를 들어 경기도 화성 시에는 주택과 근생으로 개발할 경우 토지 면적이 5,000m² 이상이 되면 도시계획심의를 받아야 한다. 반대로 이야기하면 5,000m² 미만의 토지는 주택과 근생으로 개발할 경우 도시계획심의가 필요 없다는 것이다. 또한 3,000m² 이상 면적의 토지는 근생으로 개발할 경우 도시계획심의를 받아야 한다. 이것 또한 반대로 이야기하면 3,000m² 미만의 토지는 도시계획심의를 받지 않아도 된다는 것이다. 그 밖의 업종, 즉 주택과 근생을 제외한 모든 시설에 대하여는 면적에 상관없이 도시계획심의를 받아야 한다.

토지를 개발하려는 토지 투자자들은 투자하려는 지역의 조례를 확인하여 매입하려는 토지가 도시계획심의의 대상이 되는지 여부를 꼭 확인하여야 한다. 이는 토지 투자들에게 아주 중요한 내용이다.

지목은 임야보다
농지가 현금이 덜 든다

농지를 매입할 때는 대출을 많이 활용할 수 있다. 그러한 이유로 임야 지목의 토지보다 농지 지목의 토지가 현금 비용이 적게 들어간다. 다른 모든 상황이 같다는 전제 하에 대출 금액만을 놓고 말하는 것이다.

예를 들어 2차선 도로변 토지인데 지목이 임야라면 담보율이 감정가의 60~65%이기 때문에 35~40%는 현금 비용이 있어야 한다. 그러니까 실제 토지 매입가만큼 감정이 이루어진다 해도 그 금액에서 60~65% 정도는 대출을 받을 수 있기 때문에 현금 비용이 어느 정도일지 예상할 수 있다. 그런데 농지는 담보율이 감정가의 70~75%이기 때문에 임야보다 10% 정도의 금액을 더 대출받을 수 있다.

이처럼 토지를 개발할 때 최소한의 현금 비용으로 수익률을 높게 예상할 수 있기 때문에 토지 개발 업자들이 2차선 도로변 농지를 최고의 조건으로 꼽는 것이다. 반면에 지목이 임야인 토지는 상대적으로 인허가 비용이 저렴하다. 따라서 개발하려는 토지의 조건에 따라 인허가 비용과 대출 비용을 잘 따져서 판단해야 한다.

토목 공사의 양이 거의 없는 지목 '전'인 부지가 최상이다

농지의 지목에는 전, 답, 과수원이 있다. 토지 개발 현장에서 과수원 지목을 가진 토지는 자주 볼 수 없기 때문에 쉽게 볼 수 있는 전과 답을 비교해서 이야기해 보겠다.

보통 답이라고 하면 흔히 볼 수 있는 논이 대표적이다. 그런데 답은 벼를 키우기 위해 물을 대야 하는 토지이기 때문에 보통의 경우 도로보다 낮게 형성되어 있다. 도로보다 낮아서 토지를 편평하게 하려면 성토라는 흙 공사를 해야 하고, 그에 따른 구조물 공사도 수반되기 때문에 공사 비용이 발생한다.

그런데 전은 보통 물을 대지 않고 농작물을 심어 재배하기 때문에 도로보다 낮지 않다. 이는 도로와 평행하게 공사를 할 때 흙 공사가 거의 필요 없고, 그에 따른 구조물 공사도 거의 없게 된다.

이러한 이유로 전은 토목 공사의 비용이나 기간을 거의 예상하지 않아도 되어서 최소한의 비용으로 인허가를 얻고 토목 공사를 하려는 토지 투자자들에게 최고의 토지가 된다. 보통의 경우 2차선 도로변 농지 중에서도 지목이 '전'인 토지가 투자 가치가 가장 높다.

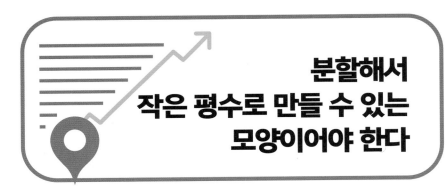

분할 모양

지목	답 ❓			면적	1,801 ㎡
개별공시지가(㎡당)	78,700원 (2021/01) 연도별보기				
지역지구등 지정여부	「국토의 계획 및 이용에 관한 법률」에 따른 지역·지구등	계획관리지역 , 소로1류(폭 10m~12m)(접합)			
	다른 법령 등에 따른 지역·지구등	가축사육제한구역(전부제한구역)<가축분뇨의 관리 및 이용에 관한 법률>, 비행안전제3구역(전술)(비행안전구역제3구역 해발 140m 이하 협의업무 위탁(2016. 9. 9.))<군사기지 및 군사시설 보호법>, 성장관리권역<수도권정비계획법>			
「토지이용규제 기본법 시행령」 제9조 제4항 각 호에 해당되는 사항	토지거래계약에관한허가구역((2021-05-01)외국인등 및 국내 법인·단체의 주택이 포함되는 취득 거래로 한정)				
확인도면					

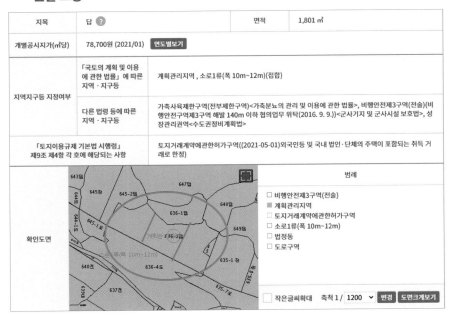

범례
- ☐ 비행안전제3구역(전술)
- ■ 계획관리지역
- ☐ 토지거래계약에관한허가구역
- ☐ 소로1류(폭 10m~12m)
- ☐ 법정동
- ☐ 도로구역

☐ 작은글씨확대   축척 1 / 1200 ▼ 변경 도면크게보기

2차선 도로변의 지목 '전'인 토지이다. 위 토지를 개발하려 할 때 작은 땅의 네모반듯한 모습으로 분할해 보는 것이다. 총 약 545평 규모의 토지인데 3개의 부지로 작게 만든다면 각 181.6평이 된다.

그렇다면 생각해 보자. 2차선 도로변에 허가를 받고 토목 공사가 완료된 네모반듯한 약 182평의 부지가 있다. 그 땅을 보고 매수자가 최대 대출을 받아 현금 비용을 최소화할 수 있다면 과연 매매를 통하여 수익을 기대할 수 있을 것인가? 만약 내가 이 땅의 미래 모습을 상상하고 수익을 기대할 수 있다는 판단이 들면 그 땅은 적극적으로 매입해야 한다.

그럼 이런 모양의 토지를 만들기 위한 절차들을 생각해 보자. 일단 개발행위허가를 받을 때 근생으로 개발할 경우 도시계획심의를 받지 않아도 되는 면적이며 개발 기간이 빠르다고 판단할 수 있는가? 지목이 전이니 현장 상황을 감안할 때 도로와 평행해서 공사 양이 적을 것으로 예상되는가?

이렇게 따져 보면 그 땅을 개발했을 때 수익을 예상할 수 있다. 이런 식으로 토지를 매입하기 전에 분할된 모습을 상상하고 개발 절차를 예상해 보는 것은 단기간에 돈을 벌려는 토지 투자자들에게는 아주 중요한 일이다.

개발할 수 있는 땅이 아니라 개발이 쉬운 땅을 매입한다

많은 사람이 잘못 생각하는 것이 있다. 토지를 개발할 때 사람들이 사고 싶어 하는 토지를 선택하는 것이 아니라 그저 막연하게 어디든 개발해 놓으면 팔리겠지라고 생각하고 토지를 매입한다는 것이다. 그런데 개발하기 위해 어떤 땅을 사야 하는지, 개발 후에 어떤 사람들에게 매도할 것인지를 생각하지 않고 무작정 토지를 사는 것은 실패로 가는 지름길이 될 수 있다.

토지를 매입하고 토목 공사를 거쳐 판매하는 이 모든 일은 정해진 것이 아니며 언제든지 변수가 생길 수 있다. 실제로 땅을 사고 개발을 다 마쳤는데 민원을 해결하지 못해 땅을 팔지 못하게 되었고 그로 인해 부도가 난 경우를 본 적이 있다. 토지를 매입하기 전에 앞으로 일어날 상황들을 단 한 번만이라도 생각했다면 그와 같은 일은 일어나지 않았을 것이다.

　토지 투자를 통해 돈을 벌기 위해서는 꼭 명심해야 할 말이 있다. 바로 내가 사는 땅은 그저 개발이 되는 땅이 아니라는 것이다. 토지를 매입하기 전부터 개발이 쉬운 땅을 골라야 하고, 그 개발이 매우 쉽게 이루어져야 한다.

　토지 투자를 통해 돈을 벌기 위해서는 개발이 쉬운 땅을 골라 낼 수 있는 안목이 있어야 한다. 다행히 그런 안목을 갖는 게 그리 어려운 일은 아니다. 이 책에서 소개한 몇 가지 정도만 알면 된다. 토지 개발을 하기 전에 알아야 할 것들을 알게 된 당신은 이제 부자로 가는 길에 올라서 있다.

4장

토지 개발을 위해
토지 매입하는 법

개발행위허가 조건 시 꼭 명시해야 하는 특약 사항

토지 투자를 하기 전에 알아야 하는 것들을 파악했다면 이제 실제로 토지를 매입하는 것에 대해 이야기해 보겠다. 나는 계약서 내용 때문에 여러 번 송사에 휘말린 적이 있기에 토지를 개발하기 위해 계약서 작성을 하는 것이 얼마나 중요한지를 누구보다 잘 알고 있다. 내가 겪은 경험을 토대로 여러분에게 꼭 알아야 할 사항들을 알려 주겠다.

개발을 하기 위해 계약서를 작성할 때는 개발행위허가 조건이라는 문구를 꼭 넣어야 한다. 많은 사람이 이 부분을 간과하는데 나중에 송사에 휘말리게 되면 이 문구가 없을 경우 굉장히 피곤해질 수 있다. 개발행위허가는 재량행위이기 때문에 99%의 확률로 허가를 받는 데 전혀 문제가 되지 않을 것이라고 판단한다 해도 계약서에는 꼭 개발행위허가 조건이라고 써야 한다.

개발행위허가의 종류에 대해서도 구체적으로 적는 것이 좋다. 예를 들어 내 생각에는 공장으로 허가를 받는 조건이라고 생각하고 허가를 진행했는데 실제로는 도로 폭이 넓지 않아 허가를 받지 못할 수 있다. 이러한 이유로 허가를 받지 못해서 계약 자체가 무효라고 주장하고 기지급한 계약금을 돌려 달라고 요구하는 경우가 생긴다고 가정하면 매도인은 다르게 말할 수 있기 때문이다. 매도인은 주택으로는 개발행위허가가 난다고 계약의 유효를 주장하며 계약금 반환의 의무가 없다고 주장할 수 있다. 이는 틀린 말이 아니기에 계약 자체가 송사에 휘말려 매우 안타까운 상황이 발생할 수 있다.

계약행위허가 조건이 맞지 않아 계약이 파기될 경우 계약금 반환 날짜도 정해 두어야 한다. 실제로 나도 허가 조건부로 계약을 진행한 적이 있는데 허가를 받지 못했다. 그래서 매도인에게 계약금 반환을 요구했는데 매도인은 돈이 없다는 이유로 6개월 정도 기다리라고 통보를 했다. 계약서에는 조건부라는 말만 있었지 허가를 받지 못하면 어떻게 하겠다는 내용이 전혀 없었기 때문이다.

매수인 입장에서는 미치고 팔짝 뛸 일이 아닌가. 만약 특약 사항에 '근생 2종 개발행위 허가 조건이며 만약 허가를 받지 못할 경우 불허가 통보를 받은 날로부터 보름 안에 매도인은 기지급받은 계약금을 반환한다.'라고 쓰여 있었다면 상황은 달라졌을 것이다.

이렇게 토지 개발을 전제로 토지를 매입할 때는 '주택으로의 개발행위허가 조건이며 허가를 받지 못할 경우 불허가 통보 시 보름 안에 매도인은 기지급받은 계약금을 반환하기로 한다.'라는 특약 사항을 꼭 넣어야 한다.

특약 사항 문구

1. 근생 2종 제조장으로의 개발행위허가 조건이다.
2. 만약 허가를 받지 못할 경우 불허가 통보를 받은 날로부터 보름 안에 매도인은 기지급받은 계약금을 즉시 반환하기로 한다.

허가 난 땅을 매입할 때 명의변경이 되지 않을 수 있다

내 경험을 이야기하려 한다. 2차선 도로변에 있는 아주 훌륭한 토지였다. 그 토지는 벌써 개발행위허가를 받은 상황이라 개발행위허가 명의변경 조건으로 계약을 진행했다. 그 토지에는 은행권으로부터 근저당과 동시에 지상권이 설정된 상황이었다. 한두 번 명의변경을 진행한 것이 아니었기에 아무 문제없을 거라고 생각하고 허가가 나기만을 기다리고 있었다. 그런데 토목사무실로부터 전화가 걸려왔다.

"토목사무실인데 명의변경이 힘들 것 같아요."

"뭐라고요?"

"은행권에 지상권이 잡혀 있어서 지상권 설정 동의서를 받아야 하는데 은행이 못해 주겠다고 해요."

"은행이 못해 준다고요? 아, 이해하지 못해서 그럴 수 있으니 제가 은행에 가서 이야기하고 받아 올게요."

난 그때까지 단 한 번도 명의변경을 받지 못한 적이 없었기에 대수롭지 않게 생각했고, 당당히 은행을 방문해서 상황을 천천히 설명했다. 그런데 담당자가 다 듣고 나서 하는 말은 당혹스러웠다.

"못해 드립니다. 소유자가 은행 이자를 밀려서 블랙리스트에 올라가 있는 상황이라 협조해 드릴 수 없습니다."

아무리 설명해도 해 줄 수 없다는 말만 돌아왔다. 결국 계약을 포기해야만 했고 계약금을 돌려받고 없던 일이 되었다.

이처럼 개발행위허가 명의변경 시 명의변경이 되지 않아 계약이 해지될 수도 있다. 그러므로 매수자로서 계약서를 쓰기 전에 이러한 상황에 대하여 미리 생각하는 것은 아주 중요한 일이다.

지상권 설정 동의서

지상권 설정 동의를 받아 빌라를 지어 임대 중인 토지

중도금은 넣지 않는다

현금이 많지 않은 토지 투자자들이 계약금을 지불하고 허가를 받은 뒤 잔금을 지급하는 방식은 아주 관례적이다. 그런데 가끔 중도금을 요구하는 매도인을 만나게 된다. 매수자는 아무 생각 없이 대출을 받아 줄 생각으로 흔쾌히 승낙을 하는데 중도금 조건은 계약서에 넣지 않는 것이 좋다. 개발을 위한 토지 매입 시에는 다음 2가지 이유로 중도금을 넣지 않는다는 것을 분명히 알아야 한다.

첫째, 중도금은 소유권이 동시에 바뀌는 것이 아니어서 대출 시에 토지 주인의 담보 제공이 있어야 하기 때문이다. 실무적으로 보자면 매수인은 담보를 제공해 주면 대출을 받아 주겠다는 것이고, 매도인은 내가 내 땅 팔아서 돈을 받는데 왜 내가 담보 제공을 하느냐는 데서 의견 차이가 생기게 된다.

실제로 이러한 일이 일어났고 결국 매수자의 중도금 납부 의무 위반으로 계약금을 포기해야 하는 상황이 되었다. 이 경우 소송까지 진행되었지만 결국엔 매도인의 승소로 매수인은 어쩔 수 없이 계약금을 포기하게 되었다.

토지를 개발하기 위한 계약에서는 중도금을 현금으로 가지고 있다면 중도금 지급에 대해 서로 합의하에 진행해도 상관없다. 하지만 대출을 받아 지급할 생각이라면 토지주의 담보 제공이 있어야만 대출이 가능하다는 사실을 꼭 기억해야 한다.

둘째, 개발행위허가 조건 때문이다. 만약 허가를 받지 못하면 계약은 무효로 하고 계약 전 상태로 되돌려야 한다. 그런데 중도금이 넘어간 상황이라면 법적 소송을 통해야만 계약이 무효가 되기 때문에 필요 없는 시간 비용의 문제가 생길 수 있다.

계약금 지불 시 인허가 서류를 모두 받는다

　　매도인이 필요한 서류를 가져오지 않아 계약한 지 한 달이 지나서야 허가 서류를 접수했던 적이 있다. 다행히 뒤늦게라도 원활히 접수되어 잘 마무리되었지만 접수하지 못한 채 보낸 한 달 동안 '내 돈 주고 땅 사서 아무 일도 하지 못하고 있구나.'라는 생각에 마음이 굉장히 불편했다.

　　토지 개발을 위해 토지를 매입하기로 하고 계약금으로 5,000만 원을 주고 계약했다. 보통은 계약금을 지불할 때 매수자로서 개발행위허가를 받기 위해 필요한 서류인 매도인의 사용승낙서를 받는데 계약하는 자리에서 매도인이 서류를 가져오지 않은 것이다.

　　"아이고, 이걸 어떡하나? 인감을 못 떼 왔네요."

　　"아, 그럼 할 수 없지요. 월요일에는 꼭 떼 주셔야 합니다."

"네, 알겠습니다."

그렇게 계약을 마쳤다. 다음 주 월요일에 서류를 받아 개발행위허가 접수를 하면 되는 상황이었다. 월요일에 전화를 걸었다. 그런데 사모님이 전화를 받는 게 아닌가.

"여보세요. 지난주에 계약한 사람인데 인감을 떼 주셔야 해서요. 사장님 어디 가셨나요?"

"이걸 어떡하죠? 주말에 회사 연락을 급하게 받더니 어제 출장 가 버렸는데요."

"네? 인허가 들어가야 하는데, 언제 오시는데요?"

"지방 출장이라 시간이 오래 걸릴 듯해요. 죄송합니다. 돌아오는 대로 서류 드리겠습니다."

너무 화가 났지만 참을 수밖에 없었다.

"아, 네, 알겠습니다. 연락주세요."

그렇게 통화를 마치고 하루하루가 지나면서 '연락 안 오면 어떡하지?'부터 온갖 생각으로 스트레스를 받았다. '서류를 안 해 주겠다는 것도 아니고 해 줄 건데 조금만 기다려라.'란 말에 내가 할 수 있는 건 아무것도 없었다.

그때부터 계약 시 서류가 준비되지 못했다고 하면 서류가 다 준비되면 계약하자고 계약 날짜를 미룬다. 별것 아니라고 생각할 수 있지만 직접 당해 보면 무척 힘들어지니 미리 주의하는 것이 좋다. 개발행위허가 조건으로의 계약 진행 시에는 계약금 지불과 서류는 동시에 이행되어야 한다는 사실을 꼭 기억하기 바란다.

산을 매입할 경우 평당 가격을 꼭 적는다

　개발행위허가를 받은 임야를 매입했다. 부지 조성만 하고 매도하려는 계획이라 토목 공사를 하기 위해 측량을 의뢰했다. 그런데 측량하는 날에 임야는 등록 전환 측량이라는 걸 해서 면적 조정을 해야 한다는 이야기를 들었다. 그래서 등록 전환 측량을 했다. 그런데 측량을 다 마치고 난 뒤 지적공사 직원이 말했다.

　"이거, 면적이 많이 줄었는데요."

　"그래요? 얼마나 줄었는데요?"

　나는 줄어 봤자 몇 평 정도일 거라고 생각했다.

　"한 100평은 줄겠는데요."

　"100평이요? 그렇게 줄면 안 되는데요."

　"안 되는 게 아니고 어쩔 수 없는 거예요."

"어쩔 수 없는 거라고요? 평당 65만 원에 매입했는데 그럼 6,500만 원 날리는 건가요?"

"안타깝지만 그러셔야 할 듯합니다."

그 순간 나는 현장에서 움직일 수 없었다. 지적공사 직원에게 물었다.

"무슨 방법이 없는 건가요? 이런 일은 처음이어서요."

"땅 이번에 사신 건가요?"

"네, 그렇습니다."

"그럼 매도인과 잘 이야기해 보세요. 이건 매도인의 잘못도, 매수인의 잘못도 아니니까요."

그래서 나는 매도인을 찾아가 설명을 했다. 다행히도 그 매도인은 줄어든 평수만큼 돈을 받지 않겠다고 했다. 그런데 그 말을 듣기까지 내 등에서는 식은땀이 흘러내리고 있었다. 정말 죽다 살아난 기분이었다.

그날 이후로 산 번지를 매입할 때는 '추후 등록 전환 측량으로 면적에 조정이 생길 시 매도 금액도 그에 따라 조정하기로 한다.'라는 특약 사항을 꼭 적게 되었다. 그리고 평당 금액도 꼭 명시한다. 그래야 면적 조정 시 거래 가격을 조정할 수 있기 때문이다.

잔금일은 적지 않고
특약 사항으로 명시한다

　개발을 전제로 계약할 때는 개발행위허가를 받아야 하기 때문에 잔금일을 지정할 수 없다. 그럼에도 불구하고 매도인이 잔금일을 특정하라고 요구하는 경우가 있다. 매도인의 경우 토지를 팔면서 허가가 났는데도 잔금을 주지 않으면 어떡하지라는 걱정을 하기 때문이다. 그렇다고 해도 매수인의 입장에서는 허가가 언제 나올지도 모르면서 잔금일을 특정한다는 것이 매우 불편하게 느껴진다.

　이런 경우 가장 좋은 방법은 매도인을 설득해서 특약 사항으로 '잔금은 개발행위허가를 받고 보름 안에 지급하기로 한다.'라고 쓰는 것이다. 하지만 그렇게 쓰는데도 불구하고 믿느니 못 믿느니 하는 실랑이가 지속되기도 한다. 그럴 경우에는 계약을 포기해야 할 수도 있다. 작은 말다툼이 감정싸움으로 번지게 되어 별것 아닌 일로 계약을 못하게 되기도 한다.

이렇게 매도인이 막무가내로 잔금일을 정하고 그렇게 하지 않으면 계약하지 못하겠다는 상황이 된다면 곰곰이 생각해서 신중하게 답해야 한다. 나는 이런 경우 그 땅을 꼭 사야 하는지를 원점에서 생각해 본다. 만약 다시 생각해서 그 토지를 적극적으로 매입하려는 상황이라면 좋은 방법이 있다. 잔금일을 길게 잡아 특정하고, 중도금을 일부 지급하여 잔금 미지급으로 계약이 무효가 되지 않고, 계약을 파기하기 위해서는 법적 소송을 통해야만 가능하게끔 매도인이 불편한 상황을 만들어 놓는 것이다. 그러면 실제로 잔금일을 지나 인허가를 받더라도 매도인과의 협의로 원활히 계약을 진행할 수 있다.

그리고 지불하려 했던 계약금을 반으로 나누어 반은 계약금으로 하고, 반은 중도금으로 한다. 중도금이 들어가면 매도인은 매수인의 채무 불이행을 이유로 소송은 할 수 있을지언정 계약을 즉시 무효로 하기는 힘들다. 물론 계약을 파기할 생각은 전혀 없으니 잘 협의하여 소송하지 말고 조금만 기다려 달라는 식으로 매도인을 설득하면 백이면 백 다 기다려 준다.

하지만 이 방법은 혹시 모르는 일이 생길 수도 있기 때문에 자주 이용해서는 안 된다. 최대한 매도인을 설득하여 잔금일을 적는 대신 특약 사항으로 정하는 것이 좋다. 여러 가지를 모두 고려한 뒤에 정말 적극적으로 계약을 원하는 경우라면 과감하게 행동하는 것도 문제를 해결하는 방법이라는 것을 알고 있으면 된다.

계약 하루 전에 미리 계약서를 작성해 본다

계약서의 문구 하나로 송사에 휘말려 이길 수도, 질 수도 있다는 것을 명심해야 한다. 계약서의 의미를 잘 생각해 보자. 계약서란 네가 나를 믿지 못하고 나도 너를 믿지 못해서 약속한 내용을 증거로 남겨 놓는 것이다. 즉 서로 치고 박고 싸우는 상황을 가정하고 미리 써 두는 게 계약서인 것이다.

그런데 투자를 진행하는 대부분의 사람이 계약서를 너무 안일하게 작성하는 경우가 많다. 보통의 경우 계약이 이루어진다고 하면 부동산중개업소에서 알아서 해 줄 것이라고 생각하기 때문에 아무 생각도 하지 않고 공인중개사가 하라는 대로 그저 따르기만 한다.

하지만 민사소송에 휘말리게 되면 생각이 달라진다. 계약서의 문구 하나 하나가 다른 의미로 다가오며, 문장 하나로 희비가 극명해진다. 토지 계약일이 정해지면 계약서 문구 하나 하나를 신중히 생각하여 허점이 있는지 없는지를 분석해야 한다. 계약서를 작성할 때는 토지를 매입하는 나의 입장에서 문구를 정리해야 한다. 그리고 계약할 때 전날에 미리 써 둔 특약 사항을 공인중개사에게 전달한다.

이와 같은 방법으로 계약이 이루어진다면 계약하고 난 뒤 두 다리를 쭉 뻗고 잘 수 있다. 다시 한 번 말하지만 계약일이 정해지면 어떤 계약이든 간에 그 전날에 미리 계약서 특약 사항을 적는 습관을 들여야 한다.

5장

잘 팔리는 토지로
만드는 공사 기술

평탄한 부지로 만들어야 한다

이제 어떻게 매도하기 쉬운 토지로 만들 것인가에 대한 이야기를 하겠다. 빠른 기간 안에 높은 값을 받고 매도하기 위해서는 토목 공사를 해야 한다. 토목 공사 방법은 간단하다. 매입한 토지를 무조건 2차선 도로변과 평행하게 만들면 된다. 그렇게 하면 토지를 매입하려는 매수자들의 눈에 무척 좋게 보이고 그 토지를 매입하고 싶은 마음이 들게 된다.

토지를 도로와 평탄하게 만들기 위해서는 먼저 성·절토 공사를 해야 한다. 흙 공사인데 포크레인 장비로 흙을 담거나 흙을 버리는 것이다. 이때 알아야 하는 것은 부피를 구하는 공식이다.

부피를 표기하는 기호는 m³라고 쓰고 루베라고 읽는다. 부피를 구하는 공식은 가로×세로×높이이다. 여기서 가로와 세로를 구분할 필요는 없다. 토지이용원을 보면 면적, 즉 가로×세로가 m²로 적혀 있기 때문이다. 이 토지의 높이가 도로를 기준으로 얼마나 차이가 있는지를 구하면 된다.

약 300평의 토지가 있다고 가정하자. 이 토지의 지목은 전이기에 도로와 거의 평행하지만 도로보다 50cm 정도 높게 형성되어 있다. 그럼 높이는 0.5가 된다. 300평은 m²로 표시하면 약 1,000m²이기 때문에 공식에 적용하면 1,000×0.5가 된다. 그러므로 500m³, 즉 500루베의 흙이 필요하다. 500루베의 흙 값을 계산하면 성·절토에 드는 비용을 가늠할 수 있다. 흙 값은 그때그때 다르기 때문에 미리 알아 두기는 쉽지 않고 공사를 시작할 때 알아보면 된다.

다음으로는 구조물 공사의 값을 파악해야 한다. 예를 들어 지목 '답'인 토지 300평을 매입했다고 가정하자. 이 토지와 도로의 높이를 확인했을 때 토지가 1m가량 꺼져 있다면 그 토지를 성토할 경우 땅의 가장자리 부분에 사면이 생기게 된다. 이 사면을 법면이라고 한다. 법면은 사선으로 생겨 건물을 지을 수 없기 때문에 법면을 없애기 위해서 1m 높이의 구조물 공사를 해야 한다.

법면

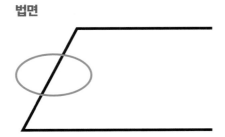

구조물의 종류에는 대표적으로 일반 옹벽과 보강토 옹벽이 있다. 이전에 낸 책에서 언급한 내용들이기에 이 책에서는 간단하게 일반 옹벽과 보강토 옹벽의 모습을 사진으로 보여 주고 마무리하겠다.

일반 옹벽

보강토 옹벽

매도를 위한 토목 공사는 성·절토와 구조물 공사뿐이다

토지 투자자는 토목 공사업자가 아니기 때문에 토지를 잘 매도하기 위한 공사만 하면 된다. 그렇다면 매도를 위한 토목 공사는 어떤 것을 말하는 것일까? 토지 투자자가 진행하는 토목 공사는 성·절토 공사와 구조물 공사가 전부이다.

토목 공사를 완벽하게 해 놓지 않으면 매수자에게 불만을 듣게 되고 매도가 잘 되지 않을 것이라는 생각에 토목 공사가 굉장히 복잡하게 느껴질 수 있다. 하지만 이는 매수자에게 대화로 충분히 이해시킬 수 있다. 그 대화의 내용은 아마도 이럴 것이다.

"사장님, 이게 토목 공사가 전부 다 되어 있는 건가요?"

"아니요. 그냥 여기까지만 공사해 둔 겁니다. 더 필요한 부분이 있으면 추가로 공사하시면 됩니다."

"공사를 직접 더 해 주시지는 않나요?"

"원하시는 대로 얼마든지 추가 공사해 드릴 수 있습니다. 그런데 그렇게 되면 매도 금액이 올라가게 될 텐데 괜찮으실까요? 제가 볼 때는 제가 해서 괜히 땅 값 올리는 것보다 사장님이 추후에 건축하시면서 추가 공사를 하시는 게 훨씬 이득일 것 같은데요."

토지는 정찰제 물건이 아니기 때문에 얼마든지 대화로 해결할 수 있다. '토목 공사가 다 된 거냐?'는 말에는 솔직히 이야기하면 된다. 내가 가진 현금이 이것밖에 없어서 최소한의 공사를 한 것이며 추가 공사가 필요하면 직접 하라고 하면 되는 것이다.

도면대로
공사하지 않는다

    토지를 매입하기 전에 개발 비용을 먼저 알아봐야 한다. 이 과정에서 인허가비는 바로 산정할 수 있지만 공사비를 가늠할 때 문제를 겪곤 한다. 공사 견적을 받으려 하면 공사업자가 도면을 요구하기 때문이다. 하지만 아직 토지를 매입하기 전이며 개발 비용을 미리 파악하여 내가 진행할 수 있을 것인가 여부를 판단하기 위해서 공사 비용을 산정하려는 것이기 때문에 도면이 있을 리가 없다.

    그래서 대부분의 사람이 토지를 매입하기 전에 공사 금액을 예상하지 못하고 토지를 매입하게 된다. 그렇게 하다 보면 매입하고 나서 과도한 공사 비용으로 예상했던 만큼의 수익을 얻지 못하게 될 수도 있다. 그래서 이 책에서 공사 비용을 미리 파악할 수 있는 방법을 알려 주려 한다.

토지 투자자가 토지를 매도하기 위해 하는 토목 공사에서 주된 것은 성·절토 공사와 구조물 공사이다. 이는 현장에서 얼마든지 미리 예상할 수 있다. 개발행위허가를 받아야만 토목 공사를 할 수 있지만 공사를 마치고 바로 준공을 받는 게 아니다. 많은 사람이 오해하는 것이 바로 이 부분이다.

공사를 마치면 바로 준공 검사를 받아야 하는 것으로 알다 보니 도면대로 공사해야 한다고 생각하는 것이다. 또한 한 번 설계 도면이 정해지면 절대 바꿀 수 없다고 생각하는데 토목 공사 도면은 언제든지 실제로 공사하는 모습으로 바꿀 수 있다. 건축 과정에서 얼마든지 토목 공사의 내용을 바꿀 수 있다. 건물을 다 짓기 전쯤에 준공 검사를 받기 때문에 건물을 짓기 전까지는 얼마든지 추가 공사도 할 수 있고, 도면을 수정할 수도 있다.

그러니 토목 공사에 대한 부담은 갖지 않아도 된다. 도면대로 공사하는 것이 아니고 내가 현장의 모습을 만드는 것이라고 생각하면 된다. 토지를 도로에 평탄하게 맞추기 위해 얼마만큼의 흙 공사가 필요한지를 물어 보고, 그에 따라 공사 비용을 어림잡아 예상하면 된다. 구조물 공사 양도 현장에서는 대충 상상할 수 있기 때문에 그 공사를 진행하면서 드는 비용을 예상하면 된다.

토지 매도를 위해 하는 공사는 성·절토와 구조물 공사 2가지가 전부이기 때문에 토지를 매입하기 전에 공사 비용을 예상하는 일은 그리 어렵지 않다. 우리가 하는 공사는 도면대로가 아니라 우리가 원하는 대로 하는 것뿐이라는 것을 꼭 명심하자.

> **토지 개발의 절차**
>
> 토지 매입 – 개발행위허가 – 토목 공사 – 건축 허가 – 착공계 접수 – 건축물 신축 – 토목 준공 – 건축물 준공

법면을
최소화시킨다

   토목 공사 중 성·절토 공사를 하면 법면이 나오게 된다. 비용을 줄이기 위해 법면을 그대로 두거나 약간의 구조물 공사만 하려는 사람도 있다. 나도 처음에는 최소한의 공사만 하려고 노력했다. 그런데 그렇게 공사를 하니 매도할 때 매수자들이 별로 좋아하지 않았다.

   빨리 매도해야 하는데 제대로 처리되지 않은 법면이 매도에 나쁜 영향을 끼친다는 것을 알게 된 이후에는 공사 비용이 많이 발생하더라도 최대한 법면을 없애는 식으로 공사를 한다. 그렇게 하니 토지가 훨씬 수월하게 매도되었다.

   물론 가장 좋은 상황은 법면이 아예 발생하지 않는 것이지만 현장에 따라 법면이 조금 남게 되는 곳도 있을 수 있다. 이것 하나만 기억하자. 최고의 부지가 성공으로 가는 지름길이다.

토목 공사 중에도 매도할 수 있다

좋은 토지를 잘 개발하면 토목 공사 시에도 매도할 수 있다. 많은 사람이 생각하지 못하는 부분인데 나는 실제로 토목 공사 진행 중에 매도한 경험이 많다.

내가 매입한 토지들은 2차선 도로변의 물건이기에 많은 사람이 길을 지나가면서 보게 되었다. 비용이 많이 들더라도 매수자가 보기에 좋은 모습으로 최고의 공사를 진행하니 그 도로를 지나다니는 사람들에게서 문의를 많이 받았고, 실제로 자기한테 꼭 팔아 달라고 부탁하는 말도 듣게 되었다.

토지를 개발해서 부지를 조성해 놓고도 어떻게 매도할지 고민하는 토지 투자자가 많다. 이제부터 내가 하는 방식으로 토지 투자를 하면 매도가 그리 어렵지 않을 것이다.

절세를 위해 최소한의 건물을 짓는다

　토지 시장에는 비사업용 토지에 대한 양도세 중과 규정이 있다. 과연 이 규정을 피할 수 있는 방법이 있을까? 한참을 고민하다가 피할 수 있는 방법을 찾게 되었다. 여기서 그 방법을 소개하겠다. 그것은 바로 지목을 대지로 바꾸는 것이다.

　지목에 따라 사업용 토지로 판단하는 기준이 전부 다른데, 대지는 건축물이 있을 경우 기간 기준을 맞추어 매도하면 사업용 토지로 인정받아 절세가 가능하다. 그래서 나는 세금을 줄이기 위해 건물을 짓는다. 하지만 문제가 있다. 건물을 짓기 위한 자금이 그리 많지 않다는 것이다.

　그래서 모양만 건물인 건축을 생각하게 되었다. 나는 이런 건물을 가리켜 '개집'이라고 부르는데 말 그대로 마구 지은 건물이다. 최소한의 비용으로 건물을 짓느라 마감 처리를 하지 않다 보니 별의별 문제가 생겼다. 바람이 너무 세게 불어 건물 지붕이 사라져 버린 적도 있고, 한창 고물상으로 개발할 때는 함석을 지면에 박지 않고 지면에 세워 두었는데 함석이 멀리 날아간 적도 있었다.

그런 식으로 건물을 짓다가 조금 다른 생각을 하게 되었다. 최소한의 건물을 지어 지목 대지로 만들어 매도하는 과정에서 그 땅을 매수하는 매수자들이 지목 대지에 대한 담보율에 따라 대출을 활용할 수 있다는 것을 알게 되었다. 단순히 세금을 절세하려고 시작했던 일에서 매도가 더 잘 되는 방법을 생각하게 되었고, 이는 실제로 매도에 많은 도움이 되었다.

한 가지 더 알아야 하는 것은 대지 면적이 몇 평이냐에 따라 용도지역별로 지어야 하는 건물 규모가 정해져 있다는 것이다. 그것을 용도배율이라고 부르는데 건물을 지어 절세를 하려는 사람들은 이 용도배율에 대한 정확한 이해가 필요하다. 최소한의 건물을 지어 대지로 만드는 것은 최고의 투자로 연결되는 극강의 토지 투자 방법이다.

용도지역별 용도배율

전용주거지역 : 5배
준주거지역, 상업지역 : 3배
일반주거지역, 공장지역 : 4배
녹지지역 : 7배
미계획지역 : 7배
도시지역 외의 용도지역 : 7배

함석

건축자금 대출 활용법

　최소한의 건물을 지어 비사업용 토지에 대한 절세를 할 수 있다. 하나는 '개집'을 짓는 방법이고, 또 하나는 대출을 활용하는 것이다. 하지만 일반 은행권에서는 건축 자금 대출이 쉽지 않다. 물론 사업을 오랫동안 영위해 온 사업자는 주 거래 은행에서 건축 자금을 대출받을 수 있겠지만 대부분의 토지 투자자는 그렇지 못하다. 건물을 지으면 절세할 수 있다는 것을 알면서도 많은 사람이 건물 짓는 것을 포기하는 이유이다.

　실제로 건축하면서 건축 자금 대출을 받기란 정말 쉽지 않다. 건물을 다 지어 등기를 하게 되면 그때 건축물을 담보로 하여 대출을 활용할 수 있다. 그래서 내가 돈이 없다면 그 건물을 자기 돈으로 먼저 지어 줄 사람이 필요하다. 그런데 그런 사람을 어떻게 만들 수 있을까? 그 부분만 해결할 수 있다면 정말 엄청난 힘을 가지고 토지 투자 사업을 영위할 수 있게 된다.

토지 투자는 절대 혼자서 진행할 수 없는 것이고, 도움을 받아야 할 때가 있다. 나도 오랫동안 토지 투자를 해 오면서 혼자서만 할 수 없다는 것을 알게 되었고 조력자들과 함께 걸어가야 한다는 것을 절실히 깨닫게 되었다.

여러분도 토지에 대한 지식을 알게 되었다면 이제 함께 걸어갈 든든한 투자의 동반자들을 만들어야 한다. 책의 마지막 부분에서 이 책을 집필한 나의 의도를 정확히 파악할 수 있을 것이다.

6장

토지를 빠르고 쉽게
매도하는 법

매수자의
현금 흐름을 파악한다

　이제부터 어떻게 해야 토지를 매도할 수 있는지에 대해 그 누구도 말하지 않는 것들을 내 경험에 의거하여 알려 주겠다. 별것 아니지만 토지를 매도할 때 진심으로 매수자의 입장에서 그 토지를 바라보며 마음이 어떨까 생각해 보는 것이다. 물론 이 방법들이 절대적인 것은 아니다. 하지만 토지를 매도할 때 분명히 보탬이 될 것이다.

　첫째, 매수자의 현금 비용을 내가 계산해 주고, 매수자로 하여금 최소한의 비용으로 투자할 수 있는 방법을 찾아 구체적으로 알려 준다. 내가 부동산 투자를 처음 할 때부터 사용하는 방법인데 매수자가 토지의 매입을 결정하는 순간 매우 중요한 수단이 되었다. 먼저 토지를 매도할 때 다음과 같은 내역서를 준다.

> **토지 매입 내역서**
>
> 토지매입비 : 500평 × 100만 원 = 5억 원
> 명의 변경 토목 설계비 : 약 400만 원
> 취·등록세 : 실거래가 5억 원 × 약 5% = 2,500만 원
> 총액 : 5억 2,900만 원
>
> 토지 매입에 따른 대출 가능 금액 : 4억 원
>
> **결론**
> 토지 매입 시 나의 현금 비용 = 1억 2,900만 원

어떤 느낌인가? 이렇게 친절히 대출 비용도 알려 주고 토지 매입 시 들어가는 총 비용을 적어 내역서를 만들어 준다면 더 구매 의욕이 높아지지 않을까? 실제로 이런 내역서 덕분에 나는 수많은 토지를 쉽게 매도할 수 있었다.

이 내역서를 최고의 내역서로 만들기 위해서는 매수자로 하여금 현금 비용이 적게 들도록 해야 한다. 그 방법으로 활용할 수 있는 대출 금액을 제시하는 것이다. 지금 현재 내가 토지를 사는 것이 아니라 매도하는 것인데도 불구하고 그 토지를 매수하려는 매수자의 입장에서 여러 은행을 상대로 최고의 대출을 얻을 수 있게 노력하는 것이다. 그래서 매수자로 하여금 현금 비용을 줄일 수 있게 하면 그 거래는 계약으로 갈 확률이 굉장히 높다.

토지를 잘 매도하기 위해서는 내가 매수자의 입장에서 현금 비용

을 파악하고 그 비용을 줄이기 위해 노력해야 한다. 이러한 행동들은 내가 개발한 토지가 쉽게 매도될 것인가, 어렵게 매도될 것인가를 결정짓는다.

부동산중개업소를 통하지 않고 내가 직접 매도한다

    토지를 개발하는 방식으로 투자를 하는 사람이라면 '내가 개발한 토지는 내가 매도한다.'고 생각해야 한다. 우리가 매입하는 토지들은 2차선 도로변이거나 도로 조건이 매우 뛰어나기 때문에 토지에 직접 현수막을 걸 수 있다. 실제로 나는 2차선 도로변의 토지 위에 현수막을 설치하였고 지나가는 사람들로부터 문의 전화를 많이 받았다.

    그렇게 되면 매도를 하기 위한 브리핑을 내가 직접 할 수 있게 되고 실제로 많은 부지를 매도할 수 있었다. 그 현장을 내가 직접 개발했기에 누구보다 장점을 정확히 파악하고 있고 정확히 브리핑할 수 있다. 이러한 이유로 내가 개발한 토지는 더욱 경쟁력을 갖출 수 있었고, 많은 부지를 부동산중개업소 도움 없이 나 혼자만의 힘으로 매도할 수 있었다.

부지의 장점을 직접 파악하고 정확히 브리핑한다

내가 개발한 토지를 매도할 때 가장 많이 하는 말을 알려 주겠다. 여러분도 나와 같이 브리핑한다면 매도할 때 경쟁력을 가질 수 있을 것이다. 바로 다음 내용이다.

"2차선 도로변에 있는 개발행위허가를 받고 토목 공사를 완료한 네모반듯한 부지입니다. 은행에서 보는 감정가가 높아 극강의 대출을 활용할 수 있고, 평수 또한 작아서 시중에서 쉽게 찾을 수 없습니다. 최고의 투자처가 될 것이라고 생각합니다."

그 토지의 장점을 아주 간결하게 표현하고 있다. 내가 직접 개발했기에 그 누구보다 장점을 극대화하여 브리핑할 수 있다. 이런 브리핑을 들은 매수자는 내가 작성한 토지 매입 내역서까지 받으면 높은 확률로 매입했다.

이렇게 토지에 투자하고 수익을 올리는 일은 하나하나 매우 체계적인 계획이 필요하다. 토지 거래에서 우연한 계약이라는 건 존재하지 않으며, 그런 계약이 존재하더라도 기대했던 큰 수익을 얻기란 쉽지 않다. 토지 거래는 아주 치밀하게 계획되어야 하고, 그렇게 투자해야 성공적인 결과를 얻을 수 있다.

　실제로 부동산 투자는 수동적일 수밖에 없다. 내가 할 수 있는 일이 거의 없기 때문이다. 대개는 그저 미래를 보고 오르겠지 하고 막연히 투자하기에 쉽게 큰 수익을 기대할 수 없다. 하지만 토지를 매입할 때부터 매도하기까지 치밀하게 전략을 세우면 토지 투자도 능동적으로 큰 성과를 거둘 수 있다. 토지 투자도 방법에 따라, 개인의 능력에 따라 부를 이룰 수 있는 투자 수단이 될 수 있다.

매매 가격을 정하면
절대 조정하지 않는다

매도할 때 내가 매도하려는 토지의 값을 조정하는 것은 내 토지의 가치를 낮추는 일이므로 절대로 하지 않는 것이 좋다. 물론 계약하는 순간에는 일부 조정할 수 있지만 그런 경우가 아니라면 절대로 값을 조정해서는 안 된다. 그럼 내 토지의 가치가 떨어지는 상황을 보여 주겠다.

"길을 가다가 땅을 보았는데 이 땅 매도하시는 건가요?"

"네, 매도하는 겁니다."

"평당 얼마에 매도하시는 건가요?"

"네, 평당 200만 원에 매도하고 있습니다."

"땅은 너무 마음에 드는데 금액이 꽤 비싼 편이네요. 조금만 조정해 주신다면 제가 매수할 의향이 있습니다."

이때가 중요하다. 여기서 절대 조정하면 안 된다. 그렇다면 한 번 조정해 보겠다. 어떤 일이 일어나는지 보자.

"조금만 조정해 드리면 진짜 매수하실 건가요?"

"네, 바로 매수하겠습니다."

"그럼 평당 10만 원 조정해서 평당 190만 원에 해 드리겠습니다."

"아, 네, 알겠습니다. 은행 대출 알아보고 연락드리겠습니다."

뭐지? 알아보지도 않고 그냥 이야기한 것이다. 순간 후회가 들지만 어쩔 수 없다.

"네, 연락 기다리겠습니다."

그런데 기다리던 연락은 오지 않는다. 그렇게 시간이 흘러간다. 다른 매수자로 보이는 사람에게 전화가 걸려 온다.

"여보세요. 땅을 보았는데 얼마에 매도하고 계시나요?"

"아, 네, 평당 200만 원에 매도하고 있습니다."

"아, 네, 인근 부동산에 들러서 물어보니 평당 190만 원이라던데 부동산에는 그렇게 내시고 저한테는 200만 원에 파시는 건가요?"

"네? 저는 부동산에 물건을 내 놓은 적이 없는데요."

이런 상황이 일어난다는 것이다. 조정해 주면 매입하겠다고 이야기한 첫 번째 사람은 대출을 알아보았고 원하는 대출을 받지 못하니 계약을 포기했다. 그런데 그 사람이 부동산중개업소에 다니며 "저 땅 190만 원에 살 수 있어."라고 말한 것이다.

두 번째 연락한 외지 사람은 땅을 사기 위해 부동산중개업소에 들렀고, 그 토지의 가격을 물어보자 부동산중개업소 사장은 아무 생각

없이 대답했다.

"아, 그 땅 평당 190만 원에 살 수 있어요."라고 말이다.

그렇게 해서 그 매수자는 나에게 전화를 걸었고 금액을 듣고는 의심한 것이다.

이런 상황이 되면 내 물건은 전혀 나쁠 이유가 없지만 이미 난 금액을 더 받고 매도하려는 파렴치한 매도인이 된다. 그러다 보면 내가 가진 물건은 아무 이유 없이 거래되지 않는 소위 '쓰레기 물건'이 돼 버리는 것이다.

그러므로 토지 투자자들은 계약서를 작성하기까지는 절대로 내가 내 놓은 물건의 값을 조정해서는 안 된다는 것을 명심해야 한다.

아는 척하는 매수인은
법으로 대응한다

토지 매도를 하려면 정말 많은 사람을 만나게 된다. 그중에는 가끔 내가 브리핑하는 말은 들으려 하지 않고 자신이 알고 있는 것들을 이야기하면서 자꾸 질문만 하는 사람도 있다. 이 경우 토지가 매도될 확률은 굉장히 낮다. 왜냐하면 그 사람이 내가 하려는 말을 하나도 듣지 못했기 때문이다. 이럴 때는 내 말을 듣도록 그 사람의 입을 닫게 해야 한다.

보통의 매수자들은 법에 대해서는 정확히 알지 못한다. 그래서 매수자로 하여금 할 말이 없게 만드는 데 가장 좋은 방법은 법 이야기를 하는 것이다. 그 상황을 예로 보여 주겠다.

"이 땅 옆에 있는 물건 ○○에 나왔다는데 아시나요? 요 근처에 부지로 조성해서 얼마에 팔았는지 알고 계시죠?"

'뭐지? 이 사람은? 되게 아는 척하는 사람이네.'

"사장님, 근생으로 개발하면 3,000m² 이상이면 도시계획심의인 것 알고 계시죠? 그리고 비도시지역은 1,650m² 이상이 되면 개발 부담금 대상인 것도 아시죠? 평수가 작다 해도 최초 인허가 면적을 따지기에 제가 브리핑할 토지도 개발 부담금 대상인 것도 아시죠?"

이런 말을 하면 매수자가 바로 입을 닫는다. 왜냐하면 모르기 때문이다. 이때가 내 물건을 브리핑할 수 있는 타이밍이다. 자연스럽게 내가 알려 주고 싶은 내용을 브리핑한다.

"사장님, 이 땅에 대해 말씀드리면…."

이렇게 진행된다. 땅을 매도하는 과정에서 엄청 아는 척하는 매수자를 만나면 먼저 그의 입을 닫게 만들어야 한다. 그리고 나서 내가 팔려고 하는 물건을 브리핑한다. 여러 번의 경험으로 터득한, 내 땅을 잘 팔 수 있는 팁이다.

미래를 예상하여 브리핑하지 않는다

    토지를 매도하기 위한 브리핑을 할 때는 절대 미래를 예상하여 브리핑하면 안 된다. 현재 기준을 중심으로 브리핑하여 매수자로 하여금 괜한 기대를 하지 않게 해야 한다. 그래야만 추후에 문제 소지가 없다. 이런 식이 될 것이다.

    "이 토지가 값이 많이 오를까요?"

    "이 토지가 있는 지역이 조만간 서울처럼 변할 것이고 유동인구가 많아질 겁니다. 그러니까 그때를 생각하시고 미리 매입해 두시면 됩니다. 아마도 값이 많이 오를 듯합니다."

    이런 식으로 말하면 안 된다. 이런 브리핑은 토지를 무조건 팔기 위한 것이며 철저히 매도인 중심의 브리핑이다. 그렇다면 똑같은 대화를 매수자 위주로 브리핑하면 어떤 느낌일까?

"이 토지가 값이 많이 오를까요?"

"세상이 어떻게 변할지는 아무도 모릅니다. 미래는 아무도 예상할 수 없기에 미래를 생각하지 마시고 현재 있는 상황만 보시면 됩니다. 사장님이 사시려는 토지는 2차선 도로변에 있는 것으로 개발행위허가를 받아 토목 공사가 완료되었고, 규모가 굉장히 작아 희소가치가 뛰어난 토지라는 것입니다. 미래에 어떻게 될지는 사장님 복이라고 생각하시고, 현재 이 상황만 보고 투자하시면 됩니다."

과연 어떤 느낌일까? 브리핑할 때는 매수자로 하여금 불확실한 미래에 대한 기대감으로 부정적인 마음이 들게 하지 말고, 지금 현재 최고의 물건이라는 생각을 갖게 해야 한다. 현재 기준으로 이 물건이 최고의 물건이라고 이야기하는 것이 매도 확률이 높아진다는 것을 명심해야 한다.

매도를 잘하는 킬링 멘트

　나는 실제로 많은 토지를 매입하고 매도해 왔다. 그러면서 느끼게 된 매도를 위한 킬링 멘트를 여러분께 공개하려 한다. 실제로 대화 마지막에 이 문구를 던지면 거의 백발백중 계약으로 연결되었다. 바로 투자금 이야기이다. 아주 극단적인 예를 들어 설명하겠다.

　"사장님, 이 토지는 이러한 장점을 가지고 있습니다. 매입하셔도 좋을 듯싶습니다."

　이 말과 다음과 같은 킬링 멘트를 비교해 보자.

　"사장님, 이 토지는 은행에서 보는 가치가 굉장히 높아서 매가가 2억 원인데도 불구하고 활용할 수 있는 대출이 1억 5,000만 원입니다. 사장님, 생각을 해 보시죠. 서울에는 가 보지도 않은 땅에 묻지마 투자를 5,000만 원씩 하는 상황인데 사장님이 사시려는 땅은 허가를 받아 토목 공사를 완료한 도로변에 있는 네모반듯한 작은 평수의 토지입니다. 묻지마 투자로 5,000만 원씩 투자하는 이 와중에 사장님이 사시는 땅은 최고의 가치를 가지고 있는 곳입니다. 투자할 만하지 않은가요?"

이 말을 들으면 매수자들은 어떤 마음이 들까? 적은 금액으로 최고의 물건을 산다는 마음이 들지 않을까? 바로 그렇다. 매수자로 하여금 내가 그 땅을 사야만 하는 이유를 정확히 설명하는 것이다. 가장 킬링 멘트가 되는 것은 투자금 부분이다. '단돈 5,000만 원으로 이 땅을 사게 된다.'는 것을 강조하는 것이다.

실제로 나는 이러한 방법으로 많은 토지를 매도해 왔기 때문에 이미 검증된 브리핑 방식이라고 해도 과언이 아니다. 토지 매도에서 킬링 멘트는 바로 '당신이 투자하는 투자금으로 매수할 수 있는데 그 투자금은 매우 적다.'는 것이다. 그 부분을 강조하면 여러분이 개발한 토지는 어렵지 않게 매도될 것이다.

7장

막강토지군단과 함께한
토지 투자 실전 사례

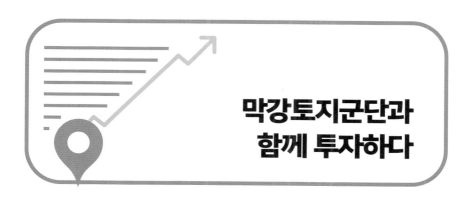

막강토지군단과
함께 투자하다

이 장에서는 막강토지군단에서 1석 4조의 시스템으로 진행하는 토지 투자 실전 사례들을 소개하겠다. 도로변에 있는 기가 막힌 물건을 모든 전략을 갖춘 뒤 성공할 수밖에 없는 투자를 진행하고 있다.

2021년 3월 막강토지군단을 만들다

나는 늘 같은 뜻을 가진 사람들과 함께 하고 싶다는 생각을 해 왔다. 오랜 세월 토지 한 가지만 보고 달려 왔던 나는 항상 고독했다. 그냥 열심히 최선을 다해서 내 앞에 놓인 상황을 해결해야 했고 그 덕분에 많은 돈을 벌었지만 마음이 외로웠다. 행복하지 않았다. 돈을 많이 벌면 행복할 줄 알았는데 그게 아니었다. 고민을 이야기하면서

술 한잔 함께 기울일 사람이 없었다. 그때부터 함께 가는 사람들을 만들고 싶다는 생각을 했다.

행복해지고 싶었다. 과연 어떻게 해야 행복해질 수 있을까를 고민하고 고민했다. 그러다가 '일단 내가 가진 것을 먼저 주면 사람들이 나와 함께 할 것이다.'라는 생각이 들었다. 그래서 내가 가진 것들을 알려 주기 시작했다. 아마도 사람들은 '이런 걸 왜 알려 주지?'라고 생각했을 것이다. 나는 내가 가진 것을 먼저 주어야만 주변에 사람이 많을 것이고 그 사람들과 즐겁게 보낼 수 있을 것이라 생각했기 때문에 더 많은 걸 알려 주고 싶었다.

그러면서 토지 시장에서 일을 하다 보면 좋은 물건을 보게 되어도 사지 못하는 현실이 너무 안타까운데 함께 하는 사람이 많으면 각자 조금씩 부담하여 그 물건을 우리 것으로 만들 수 있겠다는 생각이 들었다. 그런 생각으로 막강토지군단이라는 그룹을 만들게 되었다.

막강토지군단 구성원들이 내가 알려 준 지식으로 돈을 벌기를 소망하며 그들과 평생을 함께 걸어가고 싶다. 좋은 토지를 골라서 막강토지군단의 물건으로 만들고, 더 나아가 그 물건들을 통하여 구성원들이 부자가 되길 소망한다. 경제적으로 여유가 생기면 큰 걱정 없이 즐겁고 행복하게 보낼 수 있을 것이다.

네이버 카페 – 막강토지군단
cafe.naver.com/yong231

토지 개발을 가르치는 강사들을 양성하다

막강토지군단을 만들면서 대한민국 토지 교육의 성지, 토지 투자의 중심으로 만들고 싶다는 생각을 했다. 그러자면 나 혼자만 토지 개발을 가르치는 것이 아니라 토지 개발이 무엇인지, 어떻게 토지 투자로 돈을 벌 수 있는지 궁금해하는 사람들을 이끌어 줄 강사들을 양성해야 했다.

막강토지군단의 강사로 활동하려면 어느 정도의 검증이 필요했다. 그들에게 강의를 진행할 수 있는 지식을 갖추게 하다 보니 다른 교육과는 다르게 좀 냉정하고 단호한 모습으로 교육을 이끌어 나갔다. 그 결과 현재 10명에 달하는 강사가 배출되었다.

막강토지군단에 가입하면 평생 일주일에 두 번씩 실무 교육을 들을 수 있다. 매월 마지막 주 일요일에는 토지 현장 임장 교육을 통해 진정한 토지 전문가를 육성하고 있다. 설립한 지 1년이 지난 지금 토지에 뜻을 가지고 전국에서 모인 사람이 60명에 달한다. 더 많은 사람이 막강토지군단에 가입하여 함께 오랫동안 걸어 나가기를 바란다.

1석 4조의 투자 시스템

막강토지군단의 토지 투자 시스템은 1석 4조의 효과를 누릴 수 있다. 함께하는 토지 투자가 되면 성공할 수밖에 없는 구조이다.

첫째, 2차선 도로변에 있는 허가를 받고 토목 공사가 완료된 작은 부지를 여러 사람이 힘을 모아 투자한다. 개개인은 적은 금액이지만 함께 모아 최고의 물건을 매입하는 것이다.

둘째, 절세를 하기 위해 건물을 짓는다. 건물을 지으면 사업용 토지로 전환되기 때문에 추후 매도 시 양도세를 중과받지 않는다. 건물을 지을 때도 조력자의 도움을 받을 수 있어 적은 자금으로도 충분히 가능하다.

셋째, 토지 위에 건물을 지음으로써 지목이 대지가 된다. 토지를 개발하고 나면 원형지가 아닌 대지가 되기 때문에 충분히 지가 상승이 반영된 상태로 매도할 수 있고, 우리 토지를 매입하는 사람들 또한 지목이 대지이기 때문에 많은 대출을 활용할 수 있게 된다.

넷째, 건물을 지었기 때문에 수익형 부동산이 된다. 이로써 임대를 통해 월세 수익이 발생하는 구조를 만들 수 있다.

집단의 힘으로 성공을 만든다

막강토지군단은 서로의 힘을 뭉쳐 최고의 조건을 가진 토지들을 매입한다. 이에 절세 전략까지 갖추어 세금에 대한 준비도 하고 있다. 집단의 강력한 힘으로 토지를 매입하여 빠른 기간 안에 매도하면서 현금 대비 수익을 나눠 갖는다. 또한 교육의 성지로서 토지 개발 강의를 하는 사람들을 육성하고 있으며 토지 개발을 알고 싶어 하는 사람들에게 강의를 진행하고 있다.

막강토지군단의 목표는 2가지이다. 하나는 토지 개발 교육의 중심이 되는 것이고, 또 하나는 성공하는 토지 투자 집단을 이루는 것이다. 지금 현재도 막강토지군단에 들어올 사람들을 기다리고 있다. 이 책에서 말하는 토지 투자법을 정확히 이해한다면 더 강력한 힘을 내기 위해 여러분도 막강토지군단에 합류해 함께 성공의 길로 달려 나가기를 진심으로 바란다.

2차선 도로변 토지에 건물까지 1억 원 투자하다

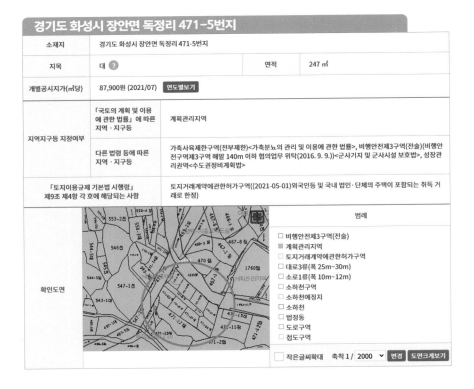

경기도 화성시 장안면 독정리 471-5번지

소재지	경기도 화성시 장안면 독정리 471-5번지		
지목	대 ❓	면적	247 ㎡
개별공시지가(㎡당)	87,900원 (2021/07) 연도별보기		
지역지구등 지정여부	「국토의 계획 및 이용에 관한 법률」에 따른 지역·지구등	계획관리지역	
	다른 법령 등에 따른 지역·지구등	가축사육제한구역(전부제한)<가축분뇨의 관리 및 이용에 관한 법률>, 비행안전제3구역(전술)(비행안전구역제3구역 해발 140m 이하 협의업무 위탁(2016. 9. 9.))<군사기지 및 군사시설 보호법>, 성장관리권역<수도권정비계획법>	
「토지이용규제 기본법 시행령」 제9조 제4항 각 호에 해당되는 사항	토지거래계약에관한허가구역((2021-05-01)외국인등 및 국내 법인·단체의 주택이 포함되는 취득 거래로 한정)		

확인도면

범례
- □ 비행안전제3구역(전술)
- ■ 계획관리지역
- □ 토지거래계약에관한허가구역
- □ 대로3류(폭 25m~30m)
- □ 소로1류(폭 10m~12m)
- □ 소하천구역
- □ 소하천예정지
- □ 소하천
- □ 법정동
- □ 도로구역
- □ 접도구역

☐ 작은글씨확대 축척 1/ 2000 ▾ 변경 도면크게보기

148

토지이용원의 빨간 동그라미 부분 8개의 필지를 막강토지군단들의 물건으로 만들었다. 원래는 한 필지의 땅이었는데 막강토지군단 안에서 8명의 매수자를 선정하여 100평 내외의 토지로 분할하여 각각 등기하였다. 이 과정에서 필지별로 매입 자금의 80% 가까이 대출을 활용하였다. 5,000만 원 내외의 매입 자금으로 100평 내외의 토지를 보유할 수 있게 된 것이다.

매입 후 비사업용 토지에 대한 양도세 중과를 피하기 위해 건물을 지었다. 건물을 짓기 위한 현금이 많지 않았기 때문에 막강토지군단과 협력하는 건축업자의 도움을 받아 건물을 지었다.

현재 건물 준공을 기다리는 상황이며 준공을 받으면 임대를 할 예정이다. 지목 대지로 건물이 있는 땅이기에 비사업용 토지에 대한 양도세 중과를 피할 것이고, 지가도 당연히 상승할 것이다.

경기도 화성시 장안면 독정리 471-5번지(개발 전)

경기도 화성시 장안면 독정리 471-5번지(개발 후)

건물이 없던 현장에 건물을 지은 모습이다.

　건물은 완공된 상태이며 서류상으로 준공 허가를 기다리는 과정이다. 준공 허가를 받게 되면 임대를 할 예정이다.

2차선 도로변의 부지를 공동으로 매입하다

경기도 화성시 장안면 독정리 950-15번지(3분할)

소재지	경기도 화성시 장안면 독정리 950-15번지		
지목	임야 ❓	면적	552 ㎡
개별공시지가(㎡당)	64,700원 (2021/07) 연도별보기		
지역지구등 지정여부	「국토의 계획 및 이용에 관한 법률」에 따른 지역·지구등	계획관리지역 , 소로1류(폭 10m~12m)(접합)	
	다른 법령 등에 따른 지역·지구등	가축사육제한구역(전부제한)<가축분뇨의 관리 및 이용에 관한 법률>, 비행안전제3구역(전술)(비행안전구역제3구역 해발 140m 이하 협의업무 위탁(2016. 9. 9.))<군사기지 및 군사시설 보호법>, 성장관리권역<수도권정비계획법>	
	「토지이용규제 기본법 시행령」 제9조 제4항 각 호에 해당되는 사항	토지거래계약에관한허가구역((2021-05-01)외국인등 및 국내 법인·단체의 주택이 포함되는 취득 거래로 한정)	

확인도면

범례
- ☐ 비행안전제3구역(전술)
- ■ 계획관리지역
- ☐ 토지거래계약에관한허가구역
- ☐ 소로1류(폭 10m~12m)
- ☐ 법정동
- ☐ 도로구역

☐ 작은글씨확대   축척 1 / 1500 ⌄ 변경 도면크게보기

경기도 화성시 장안면 독정리 950-15번지(현장)

장안면 독정리 950-15, 16, 17, 18번지는 원래 한 필지의 땅이었지만 막강토지군단에서 3명을 선정하여 위와 같은 모습으로 3분할하였다. 계획관리지역의 개발행위허가를 받고 토목 공사가 완료된 2차선 도로변의 200평 내외의 토지를 보유하게 된 것이다.

경기도 화성시 장안면 독정리 950-15번지(개발 후)

도로점용 허가를 받아 아스콘으로 공사를 마무리하였다. 토지를 매입한 지 6개월 정도인데 벌써부터 매수 문의가 들어오고 있다.

2차선 도로변 물건을 필지를 나누어 가지다

경기도 화성시 장안면 독정리 477-15번지

소재지	경기도 화성시 장안면 독정리 477-15번지			
지목	임야 ❓		면적	585 ㎡
개별공시지가(㎡당)	개별공시지가 자료 없음. [연도별보기]			
지역지구등 지정여부	「국토의 계획 및 이용에 관한 법률」에 따른 지역 · 지구등	계획관리지역		
	다른 법령 등에 따른 지역 · 지구등	가축사육제한구역(전부제한)<가축분뇨의 관리 및 이용에 관한 법률>, 비행안전제3구역(전술)(비행안전구역제3구역 해발 140m 이하 협의업무 위탁(2016. 9. 9.))<군사기지 및 군사시설 보호법>, 성장관리권역<수도권정비계획법>		
	「토지이용규제 기본법 시행령」 제9조 제4항 각 호에 해당되는 사항	토지거래계약에관한허가구역((2021-05-01)외국인등 및 국내 법인·단체의 주택이 포함되는 취득 거래로 한정)		

확인도면	
	범례 ☐ 비행안전제3구역(전술) ▨ 계획관리지역 ▨ 보전관리지역 ☐ 토지거래계약에관한허가구역 ☐ 소로1류(폭 10m~12m) ☐ 법정동 ☐ 도로구역 ☐ 작은글씨확대 축척 1/ 1200 ⌄ [변경] [도면크게보기]

경기도 화성시 장안면 독정리 477-15번지(현장)

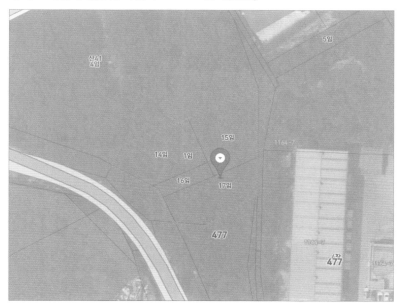

　　장안면 독정리 477-15, 16, 17, 18번지를 매입하였다. 이 토지도 한 필지의 토지였는데 막강토지군단 안에서 3명을 선정한 뒤 필지를 나누어 각각 등기하였다. 계획관리지역의 2차선 도로변이며 토목 공사가 완료된 200평 내외의 토지이다.

경기도 화성시 장안면 독정리 477-15번지(개발 후)

토목 공사를 완료한 상태이다. 2차선 도로 앞 부지가 많아 아스콘으로 포장된 부분은 주차장으로 활용할 생각이다.

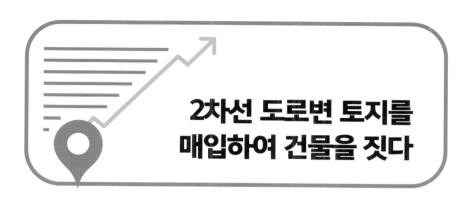

2차선 도로변 토지를 매입하여 건물을 짓다

경기도 화성시 장안면 독정리 866-41번지

소재지	경기도 화성시 장안면 독정리 866-41번지		
지목	대 ❓	면적	800 ㎡
개별공시지가(㎡당)	101,500원 (2021/01) 연도별보기		
지역지구등 지정여부	「국토의 계획 및 이용에 관한 법률」에 따른 지역·지구등	계획관리지역 , 중로1류(폭 20m~25m)(접합)	
	다른 법령 등에 따른 지역·지구등	가축사육제한구역(전부제한)<가축분뇨의 관리 및 이용에 관한 법률>, 접도구역(2018-05-08)<도로법>, 성장관리권역<수도권정비계획법>	
「토지이용규제 기본법 시행령」 제9조 제4항 각 호에 해당되는 사항	토지거래계약에관한허가구역((2021-05-01)외국인등 및 국내 법인·단체의 주택이 포함되는 취득 거래로 한정)		
확인도면	866-1 전 866-40 전 866-41 전 866-4 전 866-9 전 866-2 도 866-24 전	범례 ▨ 계획관리지역 ▨ 생산관리지역 ☐ 토지거래계약에관한허가구역 ☐ 중로1류(폭 20m~25m) ☐ 소로1류(폭 10m~12m) ☐ 법정동 ☐ 도로구역 ☐ 접도구역 ☐ 작은글씨확대 축척 1 / 1200 ⌄ 변경 도면크게보기	

경기도 화성시 장안면 독정리 866-41번지(현장)

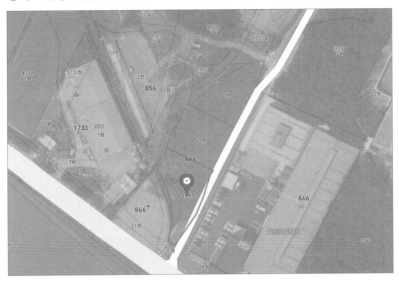

장안면 독정리 866-41번지 한 필지이다. 2차선 도로변 매물로 막 강토지군단 전체가 공동으로 매입하였다. 비사업용 토지 양도세 중과를 피하기 위해 60평짜리 건물을 지었다. 준공 허가를 받았으며 애견 카페에 임대를 주었다. 임대료는 보증금 2,000만 원, 월세 180만 원이기에 월세를 받아 토지 매입에 따른 이자와 건물 신축에 따른 이자 비용을 충당할 수 있을 것으로 보인다.

경기도 화성시 장안면 독정리 866-41번지(건물 짓는 중)

경기도 화성시 장안면 독정리 866-41번지(건물 지은 후)

평당 110만 원에 산 다음 날 평당 150만 원에 팔다

경기도 화성시 우정읍 석천리 583-5번지(5분할)

소재지	경기도 화성시 우정읍 석천리 583-5번지		
지목	전 ❓	면적	1,129 ㎡
개별공시지가(㎡당)	83,300원 (2021/07) 연도별보기		
지역지구등 지정여부	「국토의 계획 및 이용에 관한 법률」에 따른 지역·지구등	계획관리지역	
	다른 법령 등에 따른 지역·지구등	가축사육제한구역(일부제한 모든축종 제한)<가축분뇨의 관리 및 이용에 관한 법률>, 성장관리권역<수도권정비계획법>	
「토지이용규제 기본법 시행령」 제9조 제4항 각 호에 해당되는 사항		토지거래계약에관한허가구역((2021-05-01)외국인등 및 국내 법인·단체의 주택이 포함되는 취득 거래로 한정)	
확인도면	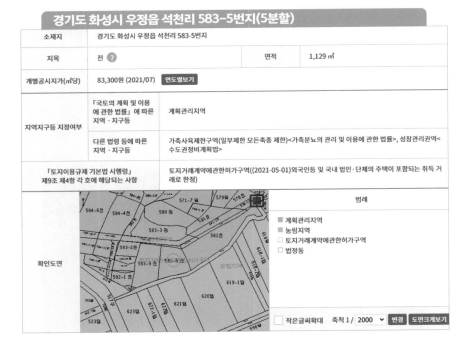		

범례

■ 계획관리지역
■ 농림지역
□ 토지거래계약에관한허가구역
□ 법정동

□ 작은글씨확대   축척 1/ 2000 ∨ 변경 도면크게보기

경기도 화성시 우정읍 석천리 583-5번지(개발 후)

경기도 화성시 우정읍 석천리 583-5번지(현장)

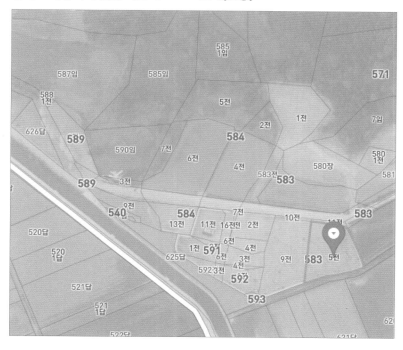

빨간 동그라미 안의 필지는 5~6개 정도였는데 막강토지군단 안에서 5명을 선정하여 토지를 매입하였다. 토지를 절반으로 나누어 왼쪽은 5개로 만들어 각각 등기하고, 오른쪽 절반은 법인으로 등기하였다. 법인으로 등기한 오른쪽 절반은 다시 절반으로 나누어 등기한 지 하루 만에 매도하였다. 평당 110만 원에 매입한 것을 평당 150만 원에 매도하였다.

2차선 도로변의 150평 물건을 매입하다

경기도 화성시 장안면 독정리 901-1번지(150평)

소재지	경기도 화성시 장안면 독정리 901-1번지		
지목	대 ❓		면적	496 ㎡
개별공시지가(㎡당)	107,400원 (2021/01) 연도별보기		
지역지구등 지정여부	「국토의 계획 및 이용에 관한 법률」에 따른 지역·지구등	계획관리지역(2016-06-23) , 소로1류(폭 10m~12m)(접합)	
	다른 법령 등에 따른 지역·지구등	가축사육제한구역(전부제한)<가축분뇨의 관리 및 이용에 관한 법률>, 비행안전제3구역(전술)(비행안전구역제3구역 해발 140m 이하 협의업무 위탁(2016. 9. 9.))<군사기지 및 군사시설 보호법>, 성장관리권역<수도권정비계획법>	
「토지이용규제 기본법 시행령」 제9조 제4항 각 호에 해당되는 사항	토지거래계약에관한허가구역((2021-05-01)외국인등 및 국내 법인·단체의 주택이 포함되는 취득 거래로 한정)		

확인도면

905-3대 · 904대 · 903-1대 · 904-2전 · 904-4대 · 901-1대 · 900-3전 · 901-1도 · 896-1도 · 900-2도 · 895-2도 · 896-4도

범례
- ☐ 비행안전제3구역(전술)
- ■ 계획관리지역
- ☐ 토지거래계약에관한허가구역
- ☐ 소로1류(폭 10m~12m)
- ☐ 법정동
- ☐ 도로구역

☐ 작은글씨확대   축척 1 / 600 ▾ 변경 도면크게보기

경기도 화성시 장안면 독정리 901-1번지(현장)

　　막강토지군단 전체가 공동으로 매입한 물건이다. 현장 사진에는
주택이 있지만 건물은 철거하였고, 현재는 토목 공사를 거쳐 40평의
건물이 들어선 상태이다. 2차선 도로변에 있는 아주 작은 물건으로
현재 임대 중이며 절세 전략까지 모두 마무리되었다.

경기도 화성시 장안면 독정리 901−1번지(건물 짓기 전)

경기도 화성시 장안면 독정리 901−1번지(건물 지은 후)

단돈 500만 원으로 토지 투자를 하다

경기도 화성시 우정읍 운평리 504-1번지

소재지	경기도 화성시 우정읍 운평리 504-1번지		
지목	대 ❓	면적	774 ㎡
개별공시지가(㎡당)	156,000원 (2021/01) 연도별보기		
지역지구등 지정여부	「국토의 계획 및 이용에 관한 법률」에 따른 지역 · 지구등	계획관리지역	
	다른 법령 등에 따른 지역 · 지구등	가축사육제한구역(일부제한 모든축종 제한지역)<가축분뇨의 관리 및 이용에 관한 법률>, 성장관리권역<수도권정비계획법>	
「토지이용규제 기본법 시행령」 제9조 제4항 각 호에 해당되는 사항	토지거래계약에관한허가구역((2021-05-01)외국인등 및 국내 법인·단체의 주택이 포함되는 취득 거래로 한정)		
확인도면	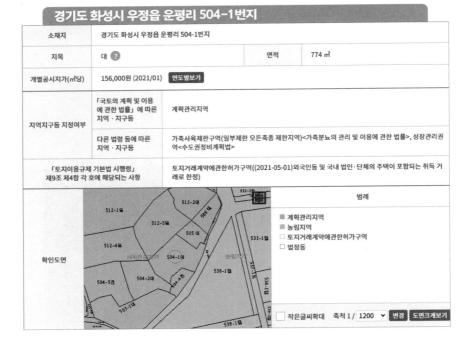		

범례
- 계획관리지역
- 농림지역
- 토지거래계약에관한허가구역
- 법정동

작은글씨확대　축척 1 / 1200 ∨　변경　도면크게보기 운평리 504-1, 504-4번지를 막강토지군단 전체가 장기 투자의 목적으로 공동 매입하였다. 경기도 화성의 10년 후 모습을 기대하면서 각 구성원이 500만 원씩 투자하여 함께 매입하였다. 계획관리지역으로 배수로도 있으며 현재 한 필지는 지목이 대지이다.

인근에 수원 군공항 이전이라는 이슈가 있어서 미래를 예상하여 집단의 힘으로 적은 금액을 모아 장기 투자를 한 경우이다. 개인의 힘으로는 투자하기 어렵지만 집단으로는 작은 돈을 함께 모아 장기 투자를 할 수 있어 좋은 땅을 놓치지 않을 수 있다.

경기도 화성시 우정읍 운평리 504-1, 504-4번지(현장)

수원 군공항 이전 부지

성공할 수밖에 없는 2차선변 토지를 매입하다

경기도 화성시 장안면 사랑리 138-10번지

소재지	경기도 화성시 장안면 사랑리 138-10번지		
지목	임야 ❓	면적	1,652 ㎡
개별공시지가(㎡당)	343,100원 (2021/01) [연도별보기]		
지역지구등 지정여부	「국토의 계획 및 이용에 관한 법률」에 따른 지역·지구등	자연녹지지역	
	다른 법령 등에 따른 지역·지구등	가축사육제한구역(전부제한)<가축분뇨의 관리 및 이용에 관한 법률>, 성장관리권역<수도권정비계획법>	
「토지이용규제 기본법 시행령」 제9조 제4항 각 호에 해당되는 사항		토지거래계약에관한허가구역((2021-05-01)외국인등 및 국내 법인·단체의 주택이 포함되는 취득 거래로 한정)	

확인도면

범례
- ■ 일반공업지역
- ■ 자연녹지지역
- ■ 계획관리지역
- ☐ 지구단위계획구역
- ☐ 토지거래계약에관한허가구역
- ☐ 성장관리계획구역
- ☐ 중로1류(폭 20m~25m)
- ☐ 법정동
- ☐ 도로구역

☐ 작은글씨확대   축척 1/ 2000 ⌄ [변경] [도면크게보기]

경기도 화성시 장안면 사랑리 138-10번지(현장)

장안면 사랑리 138-10, 138-33, 34, 35, 36번지를 막강토지군단 전체가 공동으로 매입했다. 자연녹지 토지로서 인근에 면사무소가 있는 2차선 도로변 토지이며 토목 공사를 완료하였다. 자연녹지 임야이다 보니 평수를 좀 크게 해서 3개의 필지로 분할하였다. 누가 봐도 기가 막힌 입지, 기가 막힌 부지이다.

경기도 화성시 장안면 사랑리 138-10번지(개발 중)

경기도 화성시 장안면 사랑리 138-10번지(개발 후)

도로 뒤의 필지를
추가로 매입하여
2차선 도로 효과를 얻다

경기도 화성시 장안면 독정리 866-40번지

소재지	경기도 화성시 장안면 독정리 866-40번지		
지목	전 ❓	면적	758 ㎡
개별공시지가(㎡당)	94,000원 (2021/01) [연도별보기]		
지역지구등 지정여부	「국토의 계획 및 이용에 관한 법률」에 따른 지역 · 지구등	계획관리지역	
	다른 법령 등에 따른 지역 · 지구등	가축사육제한구역(전부제한)<가축분뇨의 관리 및 이용에 관한 법률>, 성장관리권역<수도권정비계획법>	
「토지이용규제 기본법 시행령」 제9조 제4항 각 호에 해당되는 사항		토지거래계약에관한허가구역((2021-05-01)외국인등 및 국내 법인·단체의 주택이 포함되는 취득 거래로 한정)	
확인도면		범례 ■ 계획관리지역 ■ 생산관리지역 ☐ 토지거래계약에관한허가구역 ☐ 중로1류(폭 20m~25m) ☐ 소로1류(폭 10m~12m) ☐ 법정동 ☐ 도로구역 ☐ 접도구역 ☐ 작은글씨확대 축척 1 / 1200 ▾ [변경] [도면크게보기]	

앞서 소개한 독정리 866-41번지 뒤 필지로 막강토지군단이 추가로 매입하였다. 역시 개발행위허가를 받았으며 토목 공사를 완료한 상황이다. 866-41번지와 연결하면 2차선 도로변 필지가 되기에 도로변 물건의 효과를 얻으려 추가로 매입한 것이다. 모양이 네모반듯하고, 번지가 다르기에 866-41번지와 함께 매도해도 되고 따로 매도하기에도 좋아 보인다.

경기도 화성시 장안면 독정리 866-40번지(개발 중)

경기도 화성시 장안면 독정리 866-40번지(개발 후)

김공인이 단독으로 토목 공사 중 매도한 필지 사례

한 필지를 매입하여
두 필지로 부지를
조성한 뒤 매도하다

경기도 화성시 우정읍 석천리 32번지

소재지	경기도 화성시 우정읍 석천리 32번지		
지목	공장용지 ❓	면적	777 ㎡
개별공시지가(㎡당)	288,200원 (2021/01) 연도별보기		
지역지구등 지정여부	「국토의 계획 및 이용에 관한 법률」에 따른 지역·지구등	계획관리지역 , 성장관리계획구역(2019.11.07,산업시설용지)	
	다른 법령 등에 따른 지역·지구등	가축사육제한구역(일부제한 모든축종 제한)<가축분뇨의 관리 및 이용에 관한 법률>, 성장관리권역<수도권정비계획법>	
「토지이용규제 기본법 시행령」 제9조 제4항 각 호에 해당되는 사항		토지거래계약에관한허가구역((2021-05-01)외국인등 및 국내 법인·단체의 주택이 포함되는 취득 거래로 한정)	

확인도면	
(지적도)	**범례** ■ 계획관리지역 □ 토지거래계약에관한허가구역 □ 성장관리계획구역 □ 중로1류(폭 20m~25m) □ 소로1류(폭 10m~12m) □ 법정동 □ 도로구역 □ 접도구역 □ 작은글씨확대 축척 1 / 1200 ∨ 변경 도면크게보기

인허가를 받고 토목 공사 중에 매도한 필지이다. 석천리 32번지와 32-1번지 두 필지로 분할하여 매도하였다. 원래는 32번지 한 개의 번지였으나 인허가를 두 건으로 받았고 부지를 조성하기 위해 절반으로 나누어 32번지와 32-1번지가 되었다. 둘 다 근생 2종 제조장으로 허가를 받은 상태였으며 토지를 매입하고 인허가를 받은 뒤 토목 공사 중에 32-1번지는 카센타로, 32번지는 제조장 부지로 매도하였다.

한창 공사를 하던 중에 주변을 지나가던 차량에서 손님이 내려 부지를 매도할 의향을 묻고는 본인이 매입하겠다고 하여 비교적 빠른 기간 안에 매도하게 되었다. 이처럼 토지 개발은 내가 정한 시스템에 따라 개발을 하면 저절로 매도가 되는 경험을 할 수 있을 정도로 절대 어려운 일이 아니다.

경기도 화성시 우정읍 석천리 32번지(2분할)

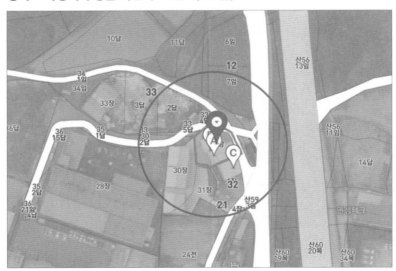

경기도 화성시 우정읍 석천리 32번지(건물 지은 후)

왼쪽 동그라미 부분은 카센타로, 오른쪽 동그라미 부분은 제조장으로 운영되고 있다.

김공인이 단독으로 토목 공사 중 매도한 필지 사례

매입 시부터 매도를 고려하여 부지를 조성한 뒤 매도하다

경기도 화성시 우정읍 조암리 666번지

소재지	경기도 화성시 우정읍 조암리 666번지		
지목	대 ❓	면적	970 ㎡
개별공시지가(㎡당)	464,900원 (2021/01) 연도별보기		
지역지구등 지정여부	「국토의 계획 및 이용에 관한 법률」에 따른 지역·지구등	자연녹지지역, 자연취락지구	
	다른 법령 등에 따른 지역·지구등	가축사육제한구역(일부제한 모든축종 제한지역)<가축분뇨의 관리 및 이용에 관한 법률>, 성장관리권역<수도권정비계획법>	
「토지이용규제 기본법 시행령」 제9조 제4항 각 호에 해당되는 사항		토지거래계약에관한허가구역((2021-05-01)외국인등 및 국내 법인·단체의 주택이 포함되는 취득 거래로 한정)	
확인도면	범례 ■ 자연녹지지역 ■ 농림지역 □ 토지거래계약에관한허가구역 □ 중로2류(폭 15m~20m) □ 자연취락지구 □ 법정동 □ 도로구역		

□ 작은글씨확대 축척 1/ 1200 ∨ 변경 도면크게보기

분할하지 않고 인허가를 받고 토목 공사를 진행하던 중에 매도한 필지이다. 2차선 도로변에 있는 200~300평의 물건이다. 처음부터 식당 부지로 매도할 생각으로 기획하였고 절묘하게 계획이 맞아 떨어져 현재 식당이 영업 중이다.

경기도 화성시 우정읍 조암리 666번지(지적도)

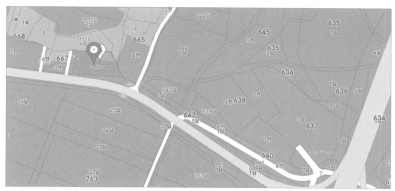

대로변 사거리에서 멀지 않은 위치로 식당 부지로 매도할 생각으로 매입했다.

경기도 화성시 우정읍 조암리 666번지(개발 후)

매입 시 계획했던 대로 개발 후에 식당이 영영 중이다.

부록

당신을 막강토지군단에
초대합니다

우연은 준비된 자에게 주는 선물입니다

　수익형 부동산, 상가, 다가구, 통상가 등을 중개하고 있는 공인중개사입니다. 부동산업을 영위한다고 하면 모든 부동산에 대한 이론이나 세금 등에 대해 잘 알 거라고 생각하지만 현실은 그렇지 않습니다. 공인중개사도 토지, 상가, 다가구, 다세대, 아파트, 분양권, 공장, 입주권 등 다양하게 세분화되어 있습니다. 부동산업에 종사하는 공인중개사들은 하나의 전문 분야를 위주로 영업을 하고, 모든 분야를 통틀어 하는 공인중개사는 없습니다.

　현 정부에서는 다주택자 및 주택에 투자하는 사람들을 투기꾼으로 몰며 주택 시장의 융자를 까다롭게 하는 등 정책을 강화하고 있습니다. 이대로라면 주택 시장은 힘들 거란 판단에 토지 쪽으로 자연스레 관심을 가지게 되었고, 김공인 님의 책을 통해 카페에 가입하게 되었습니다.

　공인중개사이긴 하지만 토지 쪽은 전문 분야가 아닌 터라 처음에는 개발행위허가가 뭔지, 계획관리지역이 정확히 뭔지, 도로점용허가, 구거점용허가, 도시계획심의, 개발업등록 등 친하지 않은 수많은 용어와 이론들이 두렵고 멀게만 느껴졌습니다.

하지만 뭐든 반복하다 보면 안 되는 일이 없는 법이지요. 듣고 대답하고 참여하고 또 참여하고 하다 보니 어느새 아는 것이 많아졌습니다. 물론 개발에 관한 기본 지식이 없으면 함께할 수 없기에 기본 지식은 필수입니다. 그래서 서로 바쁜 상황이지만 쪼개어 스터디하고 개발에 관해 공유하는 것이지요. 모르면 배우고, 묻고, 그리고 서로 챙겨 주고, 배려하면서 공부하고 있습니다. 천천히 가더라도 포기하지 않으면 분명 도착할 수 있습니다. 우연은 절대 아무것도 하지 않는 자에게는 찾아오지 않습니다.

- 나눔

토지 지식 하나 없이
막강토지군단 입문하기

　결혼, 출산 그리고 명예퇴직을 하고 집에서 육아를 하면서 재테크에 눈을 뜨게 되었습니다. 소형아파트 임대도 하고, 아파트 물타기도 하고, 변액에, 주식에…. 운이 좋은 건지 분양권을 쓰지도 않고 줍줍한 아파트들이 모두 대장아파트가 되어서 그 시점 최고 가격대로 다 매도하게 되었습니다. 그런데 차츰 세금의 압박이 커지면서 앞으로 아파트 투자는 힘들겠다는 생각이 들었습니다.

　'이제 나도 땅을 좀 볼까?' 하고 막연히 생각하던 중에 집 근처 택지가 눈에 들어와 매수를 했습니다. 잘 모르니 정리가 잘 된 예쁜 땅을 샀습니다. 건폐율과 용적률, 가구세대수 제한이 없는 장점이 있었습니다. '다가구를 지어서 임대를 해야 하나?' 하는 생각으로 검색하다가 막강토지군단을 알게 되었습니다.

　요즘은 시간 날 때마다 카페에 글 올리기가 바쁩니다. 집에 돌아오면 늦은 시간까지 컴퓨터 앞에 앉아 있습니다. 필수 미팅을 제외하고는 자율적이라지만 스터디에 한 번 빠지면 너무 궁금합니다.

　저는 앞으로의 모습을 이렇게 상상합니다.

　① 대장님 제자들 중에 모범생이 되어 있을 것입니다. (LCM)

② 신규 가입 막강토지군단 구성원이 의지하고 도움을 줄 수 있는 선배가 되어 있을 것입니다.

③ 막강토지군단이 투자 중인 모든 토지의 몸값이 무섭게 상승했을 겁니다.

④ 제 지분이 들어가 있는 운평리, 독정리 3분할이 대박 납니다.

⑤ 막강토지군단 모집(100명)이 끝나서 더 들어오고 싶어도 못 들어오는 지경에 이릅니다.

⑥ 대한민국 토지 시장을 주무르는 막강토지군단이 될 겁니다.

곧 40대 중반이고 두 아이 엄마인 저도 시작합니다. 토지에 뜻이 있고 스스로의 주관대로 땅을 매수 매도하기 위해서는 감이 아닌 실력을 키워야 합니다. 두드리세요. 그리고 망설이지 마시고 함께하세요.

- 앨리

땅을 보는 눈을 기를 것인가?
몇천만 원, 몇억 원을 그냥 묻을 것인가?

어떤 토지를 매수해서 투자를 해야 할까요?

토지는 투자를 했다고 바로 현금으로 돌아오지 않습니다. 즉 팔지 못하는 토지를 매수했다면, 그건 토지 투자를 한 게 아니고, 그냥 돈을 토지에 넣어 놓은 겁니다. 그렇게 계속 그냥 토지에 돈을 넣은 상태로 회수가 안 될 수도 있고, 훗날 내가 죽어 후대에 상속이 될 수도 있습니다.

토지 투자를 하려면 현금화할 수 있는 토지를 매수해야 합니다. 즉 매수 단계부터 매도 전략과 계획이 잡혀 있어야 합니다. 매도 전략과 계획이 잡히지 않는다면 토지 투자를 해서는 안 됩니다.

막강토지군단에 가입하여 활동하는 지금이 아주 만족스럽습니다. 이제는 강아지땅 같은 땅은 절대 사지 않을 테니 말이죠. 막강토지군단 가입비가 아까워 고민하다가 팔지도 못하는 토지를 매수해서 몇천 만 원, 몇억 원을 꽁꽁 묶어 두겠습니까? 막강토지군단과 함께 토지 전문 컨설턴트가 되어 원하는 때에 언제든지 매도할 수 있는 좋은 땅에 투자하겠습니까?

- 근스

돈, 투자처, 전문가 인맥, 인생 동지를 얻을 수 있는 곳

지금 제가 투자를 위해 그것도 너무 즐겁게 공부하고 있는 게 신기하기만 합니다. 미래에 대해 꿈꾸거나 준비하는 생각 자체를 전혀 하지 못하고 살았습니다. 수동적이던 제가 결혼한 뒤 남편을 따라 점점 능동적으로 바뀌었습니다. '이대로는 아니구나. 뭘 해야 할까?' 생각하던 중 경매 유튜브를 보게 되었고, 이후 범위를 더 넓혀 부동산 자체를 공부해야겠다는 생각이 들었습니다.

제일 첫 부동산 투자였던 오피스텔은 실패하고, 발 한 번 디뎌 보지 않은 지역에다 투자한 아파트는 성공적이었습니다. 그런데 아파트는 명의 때문에 세금이 부담스러워서 더 이상 할 수 없을 것 같아 다른 책들을 살펴보다가 대장님 책을 보게 되었습니다.

아주 신선했습니다. '웅? 뭐지? 토지를 1년 안에? 이런 게 있어?', '이런 건 업자들끼리만 아는 영업비밀 아니야?', '이렇게까지 알려 줘도 되나?'

『1년 안에 되파는 토지 투자의 기술』 첫 번째 책을 읽는 도중 두 번째 책까지 바로 주문했습니다. 두 번째 책을 읽으니 김공인 님을 너무 찾고 싶었습니다. 책을 읽다 보면 저자의 성향이 느껴지는데 곳곳에서 진심이 느껴지고 돈 자랑, 자기 자랑, 광고가 아니라 '사람이 참 괜찮은 것 같다.'는 생각이 들었습니다.

그러다가 막강토지군단 카페를 알게 되었고 거기서 김공인 님이 활발히 활동하시는 것을 보았습니다. 막강토지군단은 돈 욕심을 내는 집단이 아니어서 아주 좋습니다. 신념과 비전이 있는 대장님을 직속 멘토로 삼을 수 있다는 것이 정말 행복합니다.

소소하게는 지방에서의 투자처와 인맥에 대한 갈증이 단번에 해소되어 속이 시원합니다. 땅 공부가 정말 재미있고, 바로 옆에서 대장님이 어떻게 해야 하는지 가이드라인을 바로바로 제시해 주시니 제가 정말 행운아인 것 같습니다.

- 멋진미래

인생이
바뀌고 있다

2020년 10월 부동산에 대한 정부의 규제가 점점 심해지는 것을 보고 이제는 토지에 투자해야겠다고 결심했습니다. 토지 관련 책을 읽던 중 『1년 안에 되파는 토지 투자의 기술』을 접하고, '토지 개발에 대해 공부하다 보면 좋은 땅을 살 수 있겠지.'라는 막연한 생각으로 막강토지군단에 가입하게 되었습니다.

한 달 만에 드림팩토리 물건을, 두 달 만에 도로에 접한 땅을 하나 더 보유하게 되었습니다. 거기에 공동 투자로 3개의 물건에도 참여하게 되었습니다. 곧 건물이 올라갈 예정이라고 하니, 몇 달 전 만해도 평범한 직장인이었던 제가 지주에다 건물주로, 인생이 완전히 바뀌어 가고 있습니다. 모든 게 신기하고 얼떨떨합니다.

일주일에 2~3번의 미팅과 스터디에 반복적으로 참여하다 보니 토지 개발자로서 살 땅, 안 살 땅 정도는 구분할 수 있는 기본적인 분석 역량을 가지게 되었습니다. 점차 토지 개발 투자자로 성장해 가고 있다는 것을 느낍니다.

토지는 투자 금액이 클 뿐 아니라 규모의 경제 원리가 통하는 시장이라 개인의 자금만으로는 한계가 있습니다. 막강토지군단의 공동 투자를 통해 저 혼자서는 엄두도 낼 수 없던 멋진 땅을 집단의 힘을 빌려서 가지게 되는 경험을 하면서 집단이 큰 힘을 발휘하는 시장이 토지 시장이라는 것을 실감하고 있습니다.

막강토지군단의 투자 시스템은 남에게 의존하지 않고 스스로 땅의 가치를 높이는 투자를 합니다. 묻어 두고 버티는 시간이 아닌, 수익을 보면서 즐길 수 있는 시간으로 토지 투자에 대한 개념을 바꾸는 시스템입니다.

- 데루

막강토지군단과 함께하면서 부자가 되다

첫 아파트는 세종이었습니다. 3년간 월급의 3분의 2를 은행 대출 갚고 나머지로 네 식구가 생활을 했습니다. 나름 대기업 과장인데 회사 생활은 감옥 생활과 같은 느낌이었고 언제 끝날지 모를 긴 터널 속에서 몸과 마음이 지쳐 갈 때쯤 이직의 기회를 잡고 집도 팔게 되었습니다. 그런데 이후 아파트값이 천정부지로 솟아올랐지요. 순간의 선택으로 제 스스로 벼락거지가 되고 말았습니다. 그 때문에 살짝 우울증도 왔습니다.

그러다가 TV 프로그램에서 주식 유튜버 신사임당이 나온 것을 보고 솔깃해져 채널에 있는 영상을 모두 봤습니다. 주식? 부동산? 사업? 우리나라에서 부자라는 사람들이 돈을 번 방법입니다. 저는 부동산을 선택했습니다. 제대로 배워서 제대로 해 보자!

사실 그때까지만 해도 부동산=주택으로만 알고 있었습니다. 부동산 투자를 하기로 마음먹고 활동하던 중 부동산 단톡방에서 한 분이 '이런 책도 있으니 토지에도 관심을 가져 보라.'며 군단장님의 책 『진짜 돈 되는 토지 투자 노하우』를 소개해 주었습니다.

'토지? 1종, 2종, 3종, 준주거? 이런 것은 돈이 많아야 할 수 있다는

데 난 돈이 얼마 없으니 당연히 할 수 없지. 혹시나 나중에 부자가 된다면 한 번쯤 해 보자.' 토지 투자에 대해 이런 생각으로 살던 제가 이틀 만에 다 읽고 말았습니다. 이후 막강토지군단에 가입하게 되었고, 책에서 읽었던 내용을 단 1초의 쉼도 없이 설명해 주시는 군단장님의 실력과 열정에 푹 빠지게 되었습니다.

지금 살고 있는 인생을 바꿔 보고자 카페에 가입했다면 망설이지 말고 막강토지군단에 들어오세요. 그리고 마음의 문을 열고 참여하세요. 저처럼 행복한 부자가 될 수 있습니다. 함께하면 멀리 오래 갈 수 있습니다. 이 글을 읽는 모든 분이 행복한 큰 부자가 되길 진심으로 기원합니다.

- 코난

막강토지군단, 나만 알고 싶어요

　평범한 공인중개사입니다. 많은 부동산 중에서 아파트, 특히 분양권 전문으로 일하고 있습니다. 그런데 분양권 주택 수 포함, 중도금 대출 제한, 양도세 등의 이유로 한계에 부딪혀 다른 곳으로 눈을 돌리게 되었습니다.

　예전부터 토지 투자에 관심은 있었지만 아는 게 도통 없어서 시도하지 못한 상태였습니다. 그러던 중 김공인 님의 책을 보게 되었고, 이어서 유튜브도 찾아보고, 카페에도 오게 되었습니다.

　솔직히 막강토지군단이 자꾸 소문날까 봐 두렵기도 합니다. 이 좋은 카페를 나만 알고 싶다는 욕심이지요. 막강토지군단 가입은 제 일생일대의 기회라고 생각합니다. 지금 바람이 있다면 막강토지군단 구성원들과 함께 투자해 가며 열심히 토지 보는 눈과 경험을 쌓아서 5년 후쯤에는 토지 개발을 직접 해 보고 싶습니다.

　좋은 기회를 막강토지군단 여러분과 함께 할 수 있어서 정말 감사드립니다. 막강토지군단의 미래 모습도 무척 기대됩니다.

- 미달이

소액으로 하는
토지 투자 개발 입문기

직장만으로는 한계가 있음을 느끼고 뭔가 해야겠다는 생각에 경매를 통해 부동산 투자를 하기로 결정하고 경매에 도전을 했습니다. 덜컥 구축 아파트를 낙찰 받고 부동산중개업소에 내놓았는데 몇 달이 지나도 나가지 않았습니다. 이자 비용은 계속 나가고…. 결국 살던 전셋집을 정리하고 경매 받은 집을 수리해서 직접 들어가는 것으로 결정했습니다.

이사를 한 후 주택담보대출을 갚지 않고 그 돈으로 다른 부동산 투자를 시작했습니다. 개인으로는 분양권 투자를 하고, 부동산법인을 설립하여 아파트 투자 등을 진행했습니다. 그런데 아파트는 규제로 인해 세금이 너무 많이 나올 상황이라 다른 부동산 투자를 찾게 되었습니다.

그러던 중 김공인 님의 『1년 안에 되파는 토지 투자의 기술』을 접했습니다. 원형지를 개발해서(그것도 막강의 레버리지를 이용해서) 대지로 만드는 식으로 토지를 보기 좋게 만들어서 되파는 기술을 보는데 신기원이었습니다.

책을 다 읽고 바로 카페에 가입하고 카페에 올라온 글들과 유튜브를 모두 보았습니다. 특히 카페에서 개개인에게 주는 토지와 공동으로 투자하는 토지에 눈길이 갔습니다. 개개인이 구입하는 필지도 좋았고 공동으로 투자하는 토지도 정말 좋았습니다. 개인이 직접 투자를 한다면 토지를 모를 경우 정말 많은 리스크가 있는데, 20년 이상 토지 개발을 해 온 대장님이 걸러 내는 토지는 그간의 축적된 경험으로 리스크를 최소화한 것이라 믿음이 갔습니다.

공동 투자하는 물건은 누구나 원하는 2차선 도로변에 있는 반듯한 땅이라 더욱 욕심이 났습니다. 개인이 땅을 사려면 최소 몇억 원인데 여기서는 공동 투자가 가능했습니다. 몇억 원 단위의 토지를 구성원들이 각자 사정에 따라 누구는 1,000만 원, 누구는 3,000만 원 식으로 투자할 수 있습니다. 이렇게 해서 저도 어느새 3개의 물건에 공동 투자에 참여하고 있습니다.

- 옥고

토지 교육,
딴 데는 알아볼 필요도 없어요

　지난 3년간 재개발 투자로 자산이 꽤 늘어났습니다. 투자금 1,500만 원으로 진입했던 초기 재개발 프리미엄이 3억 5,000만 원까지 붙었고 갭투자로 매입했던 아파트나 주택들은 전세금이 상승하면서 투자금을 모두 회수하여 플피투자가 되었습니다.

　재개발 투자는 지금도 정말 재미있습니다. 그럼에도 불구하고 토지에 관심을 갖게 된 이유는 대부분의 투자자가 그렇듯 주택에 대한 정부 규제가 심해졌기 때문입니다.

　토지의 장점은 다음과 같습니다.

　① 토지는 최대 취득세 4.6%라는 점에서 큰 메리트가 있는 투자
　　 상품입니다.

　② 아파트값은 경기에 따라서 등락을 거듭하지만 토지는 정도의
　　 차이가 있을 뿐 무조건 우상향하는 안전자산입니다.

　③ 주택은 계속 공급할 수 있지만 토지는 공급량이 늘어나지 않는
　　 부증성 자산입니다.

　하지만 알면 알수록 어려운 것이 토지의 세계이기도 합니다. 막강토지군단에 가입하기 전에 새만금 개발 수혜지인 부안을 여러 차례

답사했습니다. 그때 소개받은 매물들을 지금 살펴보니 '진짜 날 호구로 알았구나.' 싶을 정도입니다. 토지 투자야말로 제대로 된 멘토와 교육 시스템이 필요한 분야라는 것을 절실히 깨닫게 되었습니다.

그 무렵 김공인 님의 저서 『1년 안에 되파는 토지 투자의 기술』이라는 책을 만나게 되었습니다. 단기에 투자금 회수가 가능한 토지 투자라니, 그야말로 신세계를 만난 것이지요. 여기서 배우지 못하는 토지 지식이라면 다른 어느 곳에서도 가르쳐 주지 않을 것이라는 믿음이 생겼습니다.

늘 막강토지군단만을 생각하며 매물 확보에 힘써 주시는 막강토지군단 운영진이 있어 좋은 기회가 올 거라고 믿습니다. 토지 교육! 대한민국에서 이 정도 퀄리티의 커리큘럼을 제공할 수 있는 모임은 없을 것이라 감히 말씀드립니다.

- 마농

토지 투자를 생각한다면
잘 오셨습니다

　어려서부터 우리 집은 가난했습니다. 오랜 단칸방 생활은 저에게 집에 대한 욕심을 가지게 만드는 단초가 되었고, 지금까지도 제 마음속 깊숙이 자리 잡고 있습니다. 대학을 졸업하고 사회생활을 시작하면서 저는 '번듯한 내 집을 꼭 가지겠노라!' 마음속으로 굳게 다짐했습니다.

　결혼 후 아내와 맞벌이로 내 집 마련의 꿈은 이루었습니다. 그래서 직장 생활과 병행하면서 투자를 할 수 있는 것이 무엇이 있을까 고민하기 시작했습니다. 줄곧 부동산에 관심이 있으니 부동산 경매 공부를 해야겠다는 생각이 들었습니다. 다행히 경매에서 성공을 경험했고, 지속적으로 입찰을 한 결과 지금은 집을 여러 채 가지고 있습니다.

　하지만 소위 아줌마 부대가 들어오면서 낮은 가격에 아파트를 낙찰 받는다는 건 하늘의 별 따기가 되었습니다. 그래서 전략을 바꿔 토지 쪽으로 방향을 잡았습니다. 유튜브를 보면서 토지에 대한 개념을 잡아 가던 중 '김공인TV'를 보게 됐습니다. 토지 현장을 보여 주면서 브리핑을 하는데 중요한 부분들을 알기 쉽게 설명하여 정말 집중

해서 봤습니다.

　무릎을 탁 치면서 '토지는 당신한테 배우겠어.'라고 결심했습니다. 마치 서광이 비치는 것 같았습니다. 시간이 날 때마다 영상을 보고 검색을 통해 대장님이 쓴 책도 알게 됐습니다.

　지금 생각해 보면 대장님과 조 여사님 그리고 부원장님을 믿고 따랐기 때문에 지금의 제가 있는 게 아닌가 싶습니다. 현재 오산 세교 지구 택지에 상가 건물을 짓고 있고, 드림팩토리 2와 3을 계약해 놓은 상태입니다. 오산과 화성에 많은 호재가 있고, 집행부에서 앞으로의 계획을 세팅해 놓은 상태이기 때문에 믿고 기다리면 반드시 좋은 결과가 있을 것입니다.

　투자에는 여러 가지 길이 있습니다. 주식, 비트코인, 아파트 등등. 어떤 것에 투자할지는 여러분의 결정에 달렸습니다. 토지 투자를 생각한다면 잘 찾아오셨습니다. 여기에서 투자하면 됩니다. 혼자서는 두렵고 힘들지만 막강토지군단이 여러분과 함께할 것입니다.

　삶은 속도가 아니라 방향입니다. 생각대로 살지 않으면 사는 대로 생각하게 됩니다. 용기를 내면 길이 보일 것입니다.

- 땅신이

이제 내가 원하던 부자가
될 수 있을 것 같아요

어떻게 하면 시간을 절약하면서 부자가 될 수 있을까에 대한 고민을 많이 했습니다. 그러던 중 유투브를 통해 경매를 알게 되었습니다. 그런데 직접 해 보니 경험은 많이 되었지만 이자 빼면 본전이었습니다. 첫술에 배부른 순 없지만 경매는 입찰이 쉽지 않을뿐더러 일과 겸업하기가 쉽지 않아 다른 것을 찾았습니다.

유튜브를 통해 '김공인TV' 채널을 접했습니다. 유튜브 영상을 다 찾아보고 대장님이 하는 실시간 방송까지 참여했습니다. 방송을 보며 대장님이 쓴 책을 알게 되었고, 책을 읽으며 토지를 배워야겠다는 확신이 들었습니다.

1대N 수업도 이수했는데 좋아하는 걸 배우니 어려우면서도 재미가 있었습니다. 이전의 나와 지금의 나를 비교한다면 한참 성숙해 있는 걸 느낍니다. 수업을 이수하고 대장님 책을 다시 정독하니 또 다른 느낌이 들었습니다. 모르고 읽었을 때는 그냥 흘려 넘어갔는데 수업을 이수하고 정독을 하니 조금씩 이해가 되고 전문 용어도 눈에 들어오기 시작했습니다.

막강토지군단에서는 투자할 때 집단의 힘을 발휘할 수 있습니다.

혼자 할 수 없는 것을 막강토지군단을 통해 할 수 있습니다. 모두가 같은 마음이기에 가능하다고 봅니다. 든든한 스태프들이 있기 때문에 두렵지 않습니다.

- 둘리

내 땅들아, 너희도 예쁘게 꾸며서 비싸게 만들어 줄게

그동안 이것저것 마구잡이식으로 달려들어 땅도 사고 아파트, 한국 주식, 미국 주식, 낡은 빌라, 오피스텔, 아파텔, 코인 채굴, 미술품 등 돈이 붙는다는 데는 다 달려들어 벌기도 하고 날리기도 하면서 살았습니다.

토지 개발은 정말 어려운 이야기입니다. 6년 전에 사 둔 땅에는 지금도 잡초만 자라고 있습니다. 토지 구매나 개발로 수십억, 수백억 원을 벌었다는 사람들도 있지만 대부분은 사 놓고 '내 땅 참 좋아.', '곧 오를 거야.', '내년에 오를까?' 합니다. 그런데 내년이 되면 내후년이 되고 그러다가 자식에게 주겠죠. '이 땅 대박 땅이야.', '시기만 맞으면 수십 배도 오를 거야.' 맞습니다. 근데 그게 자식에게 일어날지, 손자에게 일어날지 아무도 모릅니다.

막강토지군단은 그냥 단순히 이론만 가르치는 곳이 아닙니다. 이곳은 대한민국의 토지 시장을 쥐락펴락할 수 있게 만드는 사람들을 배출하는 곳입니다. 정말 살아 있는 지식을 얻을 수 있습니다. 저도 배워서 좋은 땅을 많이 발견하고 싶습니다.

막강토지군단에는 현장 실무자가 가득합니다. 이번에 공동 투자에 참가했는데 적은 돈으로 이런 기회에 참여할 수 있다는 사실이 너무 감격스럽습니다. 게다가 물건을 소개해 주는 데 수수료도 없습니다. 하나만 얻어도 본전 이상이니 이미 당신은 승자입니다.

- 주니안동

토린이,
막강토지군단이 되다

사회복지학과를 나왔지만 저의 외향적인 성격과 너무 맞지 않았습니다. 취업을 한 번 해 본 후 '이건 내 길이 아니다.'를 느끼고는 바로 사업의 길에 무작정 뛰어들었습니다. 장사에 대해 아무것도 몰라 부딪혀 보고 깨지고를 반복했습니다. 어린 나이에도 배포 하나는 우주 초특급이었던 것 같습니다.

그렇게 치열하게 살면서도 재테크에 대해서는 알지 못했고 그냥 열심히 벌어서 열심히 쓰고 다녔습니다. 그러던 중 지인이 아파트를 사는 걸 보고, '나도 집을 사야겠구나.' 해서 아파트를 하나 샀습니다. 그 아파트가 지금은 제법 많이 올라 흐뭇합니다. 소가 뒷걸음치다가 쥐를 잡은 격이지요.

무식하면 용감하다고 했나요? 5년 전에 땅도 역시 지인이 입에 침이 마르도록 칭찬을 하기에 확인도 하지 않고 부동산중개업소에 씩씩하게 들어가서는 80평을 1억 3,000만 원에 계약해 버렸습니다. 역사가 곧 들어선다는 도시계획이 있고 호재가 넘쳐 난다고 했습니다.

저와 함께하는 소위 계모임 언니들이 그 주위 땅을 다 샀을 정도였습니다. 그 결과 17명의 공유지분등기로 되어 있는 토지를 가지게 되었습니다. 지금도 당연히 역사는 없고, 완전히는 아니지만 거의 포기한 상태로 살고 있습니다.

막강토지군단을 안 지금은 땅을 보지도 않고 사는 그런 무지한 시절로 돌아가기가 싫습니다. 시간이 너무 허무합니다. 그 돈을 저축했더라면 이자가 얼마나 되었을까요? 이제는 기획부동산에 당하는 사람이 더 이상 생기지 않으면 좋겠습니다. 막강토지군단에 들어온 지 얼마 되지 않아 1,000만 원이란 적은 금액으로 공동 투자의 일원이 되었고, 요즘은 뿌듯한 상상을 하면서 지내고 있습니다.

- 로제맘

함께 공부하고 소통하면서 활력을 느끼다

토지 투자와 관련하여 다른 훌륭한 전문가도 많지만, 저는 김공인 님의 책을 읽고 '바로 이거다!'라는 생각이 들었습니다. 단순히 호재만 보고 땅을 사고 세월을 낚는 것이 아니라 실제로 땅을 분석하여 개발을 통해 땅의 가치를 높여 판매하는 점이 인상 깊었습니다.

막강토지군단의 장점은 다음과 같습니다.

① 토지 개발에 대해 수박겉핥기 식이 아닌 제대로 된 공부를 할 수 있다.

② 연령대도 다양하고, 하는 일도 다양한 사람들이 막강토지군단을 통해 같은 목표를 가지고 함께 토지 투자를 하며 미래를 향해 나아갈 수 있다.

기회는 우연히 오는 것이 아니라 기회를 잡기 위해 준비하는 사람에게 온다고 생각합니다. 토지 투자에 관심을 가진 예비 막강토지군단 여러분도 기회를 잡기 위해 저희와 함께할 수 있으면 좋겠습니다.

- 땅강아지

좋은 기억으로 오래오래 함께 하고픈 인연들

막강토지군단을 알게 된 것은 아주 오래전입니다. 30대부터 부동산에 관심이 많아서 다른 직업을 갖고 일을 하면서도 부동산 책을 종종 보았습니다. 아파트에 투자하다 보니 민법이 궁금했고, 매입·매도를 하고자 하니 세법이 궁금했습니다. 이것저것 찾아보다가 공인중개사 시험을 알게 되었고 다행히 어렵지 않게 자격증을 획득했습니다.

그 후 재건축 위주로 2~3년 근무를 했습니다. 당시에는 재건축이 처음 시작되는 단계여서 관심을 갖고 조금만 공부를 한다면 많은 지식을 얻을 수 있었습니다. 그 무렵 지인이 추천하여 대장님의 토지개발에 관한 강의를 들었습니다.

늦은 나이에 출산을 하면서 공백기가 생기니 산후 우울증도 오고, 이러면 안 되겠다 싶어서 다시 활동한 곳이 막강토지군단 카페입니다. 카페에서는 귀동냥으로 많은 지식을 얻어 갈 수 있습니다.

공인중개사인 저도 처음에는 토지이용계획원을 어떻게 확인하는지 몰랐습니다. 토지 관련 지식을 1:1수업에서부터 단체수업까지 반복하면서 이제 조금 파악해 가는 듯합니다. 아직도 부족한 부분이 많지만 매주 반복되는 수업들을 통해 점차적으로 성장하고 있습니다.

- 깽여사

맺음말

부동산 시장은 고도의 심리전 시장이다

지금까지 토지에 투자하는 방법에 대해 설명하였다. 토지 투자라 하면 굉장히 복잡한 이론이 많을 것으로 생각했을 텐데, 정작 토지 투자는 매도인과 매수인 간의 고도의 심리전 시장이라는 것을 알게 됐을 것이다.

어떻게 해야 좋은 토지를 매입할 수 있는지, 어떻게 해야 최고의 부지로 만들 수 있는지, 어떻게 해야 토지를 잘 팔 수 있는지에 대해 내 경험을 바탕으로 여러분께 상세하게 알려 주었다.

가장 중요한 한 가지는 그 모든 것을 쉽게 이루기 위해서는 뜻이 같은 사람들이 함께 걸어가야 한다는 것이다. 이 책을 읽은 당신은 이제 기회의 시장에 들어갈 준비가 되어 있다. 이제 당신은 부자가 될 수 있다. 토지 투자는 절대 가진 자들의 전유물이 아니다. 누구나 토지 투자를 통해 부자가 될 수 있다.

당신의 인생이 행복해지기를 바라면서 글을 마무리하려고 한다. '뜻이 있는 곳에 길이 있으며, 기회는 준비되어 있는 자에게 온다.' 여러분을 진심으로 응원한다.